EERSTE EDITIE - Gepubliceerd in 2022

Extra grafisch materiaal van: www.freepik.com
Dank aan: Alekksall, Starline, Pch.vector, Rawpixel.com,
Vectorpocket, Dgim-studio, Upklyak, Macrovector,
Stockgiu, Pikisuperstar & Freepik.com Designers

Ontdek gratis online spelletjes

Hier verkrijgbaar:

BestActivityBooks.com/FREEGAMES

5 TIPS OM TE BEGINNEN!

1) HOE OP TE LOSSEN

De Puzzels zijn in een Klassiek Formaat:

- Woorden worden verborgen zonder pauzes (geen spaties, streepjes, ...)
- Oriëntatie: Voorwaarts & Achterwaarts, Boven & Beneden of in Diagonaal (kan in beide richtingen)
- Woorden kunnen elkaar overlappen of kruisen

2) ACTIEF LEREN

Naast elk woord is een spatie voorzien om de vertaling te noteren. Om actief te leren vindt u een **WOORDENBOEK** aan het einde van deze editie om uw kennis te controleren en uit te breiden. U kunt elke vertaling opzoeken en opschrijven, de woorden in de puzzel vinden en ze vervolgens aan uw woordenschat toevoegen!

3) TAG JE WOORDEN

Hebt u al geprobeerd een labelsysteem te gebruiken? U zou bijvoorbeeld de woorden die moeilijk te vinden waren kunnen markeren met een kruis, de woorden die u leuk vond met een ster, nieuwe woorden met een driehoek, zeldzame woorden met een ruit enzovoort...

4) ORGANISEER UW LEREN

Wij bieden ook een handig **NOTITIEBOEKJE** aan het eind van deze uitgave. Of u nu op vakantie, op reis of thuis bent, u kunt uw nieuwe kennis gemakkelijk ordenen zonder dat u een tweede notitieboek nodig hebt!

5) AFGESLOTEN?

Ga naar de bonussectie: **FINAAL UITDAGING** om een gratis spel te vinden dat aan het einde van deze editie wordt aangeboden!

Wil je meer leuke en leerzame activiteiten? Het is Snel en Eenvoudig!
Een hele collectie spelboeken slechts **één klik verwijderd!**

Vind uw volgende uitdaging bij:

BestActivityBooks.com/MijnVolgendeBoek

Klaar... Start!

Wist u dat er zo'n 7000 verschillende talen in de wereld zijn? Woorden zijn kostbaar.

We houden van talen en hebben hard gewerkt om de boeken van de hoogste kwaliteit voor u te maken. Onze ingrediënten?

Een selectie van onmisbare leerthema's, drie grote plakken plezier, dan voegen we er een lepel moeilijke woorden en een snuifje zeldzame woorden aan toe. We serveren ze met zorg en een maximum aan verrukking, zodat je de beste woordspelletjes kunt oplossen en veel plezier beleeft aan het leren!

Uw feedback is essentieel. U kunt een actieve bijdrage leveren aan het succes van dit boek door een recensie achter te laten. Vertel ons wat u het meest beviel in deze editie!

Hier is een korte link die u naar uw bestelpagina brengt:

BestBooksActivity.com/Recensies50

Bedankt voor uw hulp en veel plezier met het spel!

Linguas Classics

1 - Metingen

```
C  Đ  T  P  N  B  Â  B  V  Y  U  A  B  O
H  Ộ  L  Q  P  M  M  C  D  K  Q  B  K  N
I  S  U  Í  C  Y  L  H  K  V  M  Y  Y  Q
Ề  Â  L  K  T  K  Ư  I  T  K  T  M  D  Y
U  U  V  Q  R  Ấ  Ợ  Ề  G  I  U  A  I  K
R  K  P  K  Ì  C  N  U  R  L  N  K  M  H
Ộ  I  T  T  N  H  G  D  A  Ô  V  C  P  Ố
N  L  H  D  H  I  H  À  M  G  I  Â  H  I
G  Ô  Ậ  H  Đ  Ề  I  I  B  A  C  N  Ú  L
L  M  P  P  Ộ  U  Q  L  Y  M  O  N  T  Ư
R  É  P  L  Q  C  V  N  T  É  N  Ặ  U  Ợ
A  T  H  B  Q  A  H  U  E  T  M  N  D  N
Q  M  Â  T  I  O  U  N  C  E  I  G  H  G
C  E  N  T  I  M  E  T  G  G  M  N  Y  N
```

CHIỀU RỘNG   KILÔGAM
BYTE   KILÔMÉT
CENTIMET   CHIỀU DÀI
THẬP PHÂN   LÍT
ĐỘ SÂU   KHỐI LƯỢNG
CÂN NẶNG   MÉT
TRÌNH ĐỘ   PHÚT
GRAM   OUNCE
CHIỀU CAO   TẤN
INCH   ÂM LƯỢNG

2 - Keuken

```
B  B  B  C  Q  T  C  L  B  A  K  R  A  L
Ì  Á  Ọ  C  Ô  I  Q  K  L  T  H  Ì  A  M
N  O  T  C  D  N  T  N  L  L  Ă  H  Ấ  U
H  Y  B  H  C  D  G  I  C  K  N  M  M  O
M  T  I  K  D  B  K  T  T  H  Ă  K  T  V
N  U  Ể  M  H  L  G  Ạ  H  Y  N  K  Q  I
D  Ư  N  G  O  C  O  P  Ứ  Ứ  D  D  L  K
V  M  Ớ  R  A  P  D  C  N  C  U  A  C
U  C  O  N  L  K  O  Ề  Ă  G  I  A  V  Ị
I  N  P  R  G  O  P  Q  N  L  M  H  V  P
C  A  R  H  Q  A  U  Đ  Y  Ò  D  N  D  G
T  Ủ  L  Ạ  N  H  N  Ũ  K  L  T  N  R  N
L  U  Y  U  N  L  D  A  O  F  O  R  K  S
U  P  C  R  D  R  H  D  K  H  Y  D  R  C
```

LY	LÒ
ĐŨA	CÔNG THỨC
NƯỚNG	TẠP DỀ
ẤM	KHĂN ĂN
TỦ LẠNH	GIA VỊ
BÁT	BỌT BIỂN
BÌNH	THỨC ĂN
THÌA	FORKS
DAO	

3 - Boten

```
X  D  V  Y  L  N  Y  D  C  H  R  B  L  L
U  U  O  B  T  Q  L  M  Ộ  Ồ  Ả  È  O  P
Ồ  T  Đ  C  C  G  N  B  T  U  A  I  C  G
N  H  Ạ  Ộ  K  Y  R  M  B  P  G  D  L  P
G  U  I  Y  N  H  U  A  U  N  Y  O  O  Ý
H  Y  D  D  Q  G  B  O  Ồ  P  H  À  O  R
N  Ề  Ư  Â  M  R  C  A  M  H  B  N  Y  N
D  N  Ơ  Y  Y  D  V  Ơ  I  A  C  U  I  K
R  P  N  T  K  A  Y  A  K  O  N  E  O  P
G  Y  G  H  À  N  G  H  Ả  I  B  T  K  Y
Q  G  N  Ừ  T  D  P  D  N  A  I  B  H  Y
H  S  Ó  N  G  U  U  Q  B  C  Ể  L  H  U
K  D  K  G  V  I  C  N  S  Ô  N  G  G  N
P  H  I  H  À  N  H  Đ  O  À  N  C  G  Y
```

NEO
PHI HÀNH ĐOÀN
PHAO
DOCK
SÓNG
DU THUYỀN
KAYAK
XUỒNG
HÀNG HẢI
CỘT BUỒM

HỒ
ĐỘNG CƠ
HẢI LÝ
ĐẠI DƯƠNG
SÔNG
DÂY THỪNG
PHÀ
BÈ
BIỂN

4 - Chocolade

```
Đ  C  A  L  O  N  D  U  C  B  O  M  U  C
G  Ậ  A  K  C  T  G  K  Ô  Ộ  P  V  I  Q
A  U  U  R  O  R  P  K  N  T  O  A  O  D
N  N  Y  P  A  I  Y  Ẹ  G  H  K  Đ  R  B
A  U  T  I  H  M  B  O  T  À  Ỳ  Ư  V  Ị
O  G  Q  I  K  Ộ  E  H  H  N  L  Ờ  O  K
T  H  Ơ  M  O  M  N  L  Ứ  H  Ạ  N  B  N
B  K  L  A  A  X  T  G  C  P  G  G  M  H
G  O  Q  K  M  T  I  L  A  H  M  O  U  C
L  H  N  U  G  Q  O  D  O  Ầ  C  C  M  D
Y  Ê  U  T  H  Í  C  H  A  N  O  A  Đ  P
C  H  Ấ  T  L  Ư  Ợ  N  G  N  O  C  Ắ  B
D  Ừ  A  N  G  O  N  G  Ọ  T  T  A  N  C
L  T  G  K  K  U  G  V  O  B  L  O  G  R
```

ANTIOXIDANT
THƠM
ĐẮNG
CACAO
CALO
KỲ LẠ
YÊU THÍCH
NGON
THÀNH PHẦN
CARAMEL

DỪA
CHẤT LƯỢNG
ĐẬU PHỘNG
BỘT
CÔNG THỨC
VỊ
KẸO
ĐƯỜNG
NGỌT

5 - Tijd

```
P  L  U  P  V  G  Q  T  L  Đ  M  U  V  B
U  H  Ô  M  N  A  Y  A  A  K  Ê  T  D  R
G  A  Ú  N  B  H  À  N  G  N  Ă  M  T  B
C  T  B  T  B  Â  B  R  P  L  Ị  C  H  L
C  H  U  Ư  U  K  Y  S  A  U  M  A  Á  N
A  Ậ  Ổ  Ơ  Ổ  R  P  G  P  O  B  R  N  G
N  P  I  N  I  N  L  I  I  S  Ớ  M  G  À
Ă  K  S  G  T  K  A  Ờ  L  Ờ  U  Đ  T  Y
M  Ỷ  Á  L  R  H  Ô  M  Q  U  A  Ồ  U  G
I  G  N  A  Ư  Y  T  H  Ế  K  Ỷ  N  Ầ  A
T  N  G  I  A  R  N  K  I  P  U  G  N  P
A  O  K  M  A  G  D  Y  N  Q  Q  H  I  I
R  G  U  M  M  H  D  K  Q  V  D  Ồ  I  R
T  R  L  P  R  Q  K  A  U  O  N  T  H  I
```

NGÀY	PHÚT
THẬP KỶ	SAU
THẾ KỶ	ĐÊM
HÔM QUA	BÂY GIỜ
NĂM	BUỔI SÁNG
HÀNG NĂM	TƯƠNG LAI
LỊCH	GIỜ
ĐỒNG HỒ	HÔM NAY
THÁNG	SỚM
BUỔI TRƯA	TUẦN

6 - Meditatie

```
I  H  B  T  L  Ò  N  G  B  I  Ế  T  Ơ  N
M  M  K  P  Â  L  Ò  N  G  T  Ố  T  T  Y
L  Y  G  R  T  M  C  H  Ấ  P  N  H  Ậ  N
Ặ  C  H  Ú  Ý  A  T  V  C  Q  T  T  T  Â
N  T  G  A  K  N  H  H  Y  U  H  H  H  M
G  T  Ư  T  H  Ế  Ò  C  Ầ  A  Ở  I  Ư  N
C  O  H  R  O  G  A  C  N  N  G  Ê  Ơ  H
R  V  I  Õ  R  O  B  V  D  Đ  Q  N  N  Ạ
M  L  C  R  A  Q  Ì  G  U  I  B  N  G  C
D  K  Ặ  À  K  R  N  B  I  Ể  B  H  H  R
O  H  Ạ  N  H  P  H  Ú  C  M  O  I  Ạ  G
B  V  C  G  G  C  Ả  M  X  Ú  C  Ê  I  I
P  H  O  N  G  T  R  À  O  V  P  N  B  L
Q  U  A  N  S  Á  T  S  U  Y  N  G  H  Ĩ
```

CHÚ Ý
CHẤP NHẬN
THỞ
PHONG TRÀO
LÒNG BIẾT ƠN
CẢM XÚC
SUY NGHĨ
HẠNH PHÚC
RÕ RÀNG
TƯ THẾ

LẶNG
THƯƠNG HẠI
TÂM THẦN
ÂM NHẠC
THIÊN NHIÊN
QUAN SÁT
QUAN ĐIỂM
IM LẶNG
HÒA BÌNH
LÒNG TỐT

7 - Zomer

```
N  I  P  T  I  U  O  G  P  R  D  K  D  K
B  D  A  K  H  V  T  B  U  K  N  Ỳ  T  R
U  N  Q  Q  T  Ư  L  Y  L  Ặ  N  N  R  D
L  K  N  V  G  G  G  B  R  K  C  G  Ò  G
B  Ã  I  B  I  Ể  N  I  Y  A  D  H  C  I
T  H  Ứ  C  Ă  N  V  Ể  Ã  Y  N  Ỉ  H  A
C  C  M  T  A  B  Y  N  U  N  H  M  Ơ  Đ
N  Ắ  D  U  L  Ị  C  H  Y  A  À  H  I  Ì
I  Â  M  N  H  Ạ  C  O  M  C  V  O  T  N
Ề  N  I  T  Q  O  H  S  K  T  V  G  N  H
M  L  I  V  R  B  I  D  A  V  P  D  L  P
V  Ư  Ờ  N  B  Ạ  N  B  È  O  M  É  Y  Q
U  N  C  V  R  V  I  S  Á  C  H  P  N  Y
I  T  Y  N  A  V  C  G  I  Ả  I  T  R  Í
```

SÁCH	SAO
LẶN	BÃI BIỂN
GIA ĐÌNH	VƯỜN
TRÒ CHƠI	KỲ NGHỈ
NHÀ	THỨC ĂN
CẮM TRẠI	NIỀM VUI
ÂM NHẠC	BẠN BÈ
THƯ GIÃN	GIẢI TRÍ
DU LỊCH	BIỂN
DÉP	

8 - Vogels

```
B  G  B  C  U  O  H  G  I  H  L  O  A  C
Ồ  Đ  À  Đ  I  Ể  U  C  O  N  V  Ẹ  T  H
N  C  U  T  L  T  V  Ô  G  A  K  B  R  I
Ô  H  D  H  U  Y  Ị  N  B  Y  A  C  Ứ  M
N  I  B  I  A  P  T  G  G  M  R  C  N  S
G  M  I  Ê  Ệ  Q  O  M  V  Õ  L  Ò  G  Ẻ
I  B  H  N  F  C  U  R  C  O  N  Q  U  Ạ
Y  Ồ  H  N  B  L  C  Ú  V  B  C  G  C  G
U  C  V  G  A  M  A  C  H  I  M  C  U  Y
L  Â  H  A  M  N  N  M  K  A  I  C  M  N
R  U  T  V  G  À  G  O  I  K  Q  Q  L  N
M  Ò  N  G  B  I  Ể  N  R  N  U  L  A  M
H  V  K  O  N  G  H  Q  K  D  G  Q  H  R
C  H  I  M  C  Á  N  H  C  Ụ  T  O  T  L
```

CHIM BỒ CÂU	CÒ
VỊT	CON VẸT
TRỨNG	CÔNG
FLAMINGO	BỒ NÔNG
NGỖNG	CHIM CÁNH CỤT
GÀ	DIỆC
CHIM CU	ĐÀ ĐIỂU
CON QUẠ	TOUCAN
MÒNG BIỂN	CÚ
CHIM SẺ	THIÊN NGA

9 - Behoud

```
T  Á  I  C  H  Ế  R  K  N  L  V  M  A  Ô
T  H  Y  B  S  Ứ  C  K  H  Ỏ  E  M  M  N
Q  G  A  B  K  V  Y  V  D  Í  I  Q  O  H
U  L  O  Y  X  A  N  H  C  C  H  M  U  I
X  I  H  Q  Đ  D  I  T  M  A  R  Ậ  T  Ễ
A  E  Y  N  T  Ổ  R  Q  Q  U  T  C  U  M
L  C  Đ  K  M  Ô  I  T  R  Ừ  N  G  G
U  H  I  Ạ  H  Ó  A  C  H  Ấ  T  C  V  I
N  Ư  Ớ  C  P  T  Ự  N  H  I  Ê  N  H  Á
B  Ề  N  V  Ữ  N  G  U  O  K  D  R  G  O
C  R  G  H  Ệ  S  I  N  H  T  H  Á  I  D
D  U  T  D  K  I  Ả  H  Ữ  U  C  Ơ  Q  Ụ
U  A  Y  N  L  T  M  B  N  O  P  N  U  C
T  H  U  Ố  C  T  R  Ừ  S  Â  U  I  D  H
```

HÓA CHẤT
BỀN VỮNG
HỆ SINH THÁI
XE ĐẠP
SỨC KHỎE
XANH
KHÍ HẬU
MÔI TRƯỜNG
TỰ NHIÊN

GIÁO DỤC
HỮU CƠ
THUỐC TRỪ SÂU
TÁI CHẾ
THAY ĐỔI
GIẢM
Ô NHIỄM
NƯỚC

10 - Wiskunde

```
Y  Y  Y  Â  M  L  Ư  Ợ  N  G  V  S  Q  L
V  V  P  Y  U  O  C  R  M  Ũ  Q  Ố  U  H
P  H  Ư  Ơ  N  G  T  R  Ì  N  H  H  Ả  Đ
O  Ì  B  Á  N  K  Í  N  H  N  T  Ọ  N  Ố
Y  N  T  H  Ậ  P  P  H  Â  N  H  C  G  I
C  H  B  Q  L  H  V  L  T  Y  I  Q  T  X
Ẳ  C  K  D  C  Ì  V  U  R  T  S  O  R  Ứ
U  H  D  Q  Đ  N  P  R  Ô  Ổ  O  T  Ư  N
Q  Ữ  L  A  A  H  H  P  D  N  N  A  Ờ  G
V  N  B  Q  G  H  Â  M  M  G  G  M  N  A
C  H  U  V  I  Ọ  N  O  L  P  S  G  G  N
M  Ậ  P  H  Á  C  S  Y  G  G  O  I  Ó  I
D  T  N  V  C  M  Ố  N  G  I  N  Á  C  C
Đ  Ư  Ờ  N  G  K  Í  N  H  P  G  C  M  G
```

CẦU	SONG SONG
THẬP PHÂN	HÌNH CHỮ NHẬT
ĐƯỜNG KÍNH	SỐ HỌC
TAM GIÁC	TỔNG
MŨ	BÁN KÍNH
PHÂN SỐ	ĐỐI XỨNG
HÌNH HỌC	ĐA GIÁC
GÓC	PHƯƠNG TRÌNH
VUÔNG GÓC	QUẢNG TRƯỜNG
CHU VI	ÂM LƯỢNG

11 - Camping

```
T  H  S  D  P  Q  R  V  Q  P  Y  H  Q  V
C  O  P  Ă  K  K  Ừ  T  H  X  C  Â  Y  R
A  O  L  H  N  L  N  U  T  V  U  H  T  H
B  Ả  N  Đ  Ồ  B  G  M  Ũ  D  H  Ồ  Y  Y
I  Y  V  B  Y  T  Ắ  U  D  T  T  M  N  D
N  C  Ô  N  T  R  Ù  N  G  K  I  Ặ  Đ  G
R  A  C  C  Đ  È  N  L  Ồ  N  G  T  Ộ  L
P  A  Y  Q  C  V  V  A  Ề  O  M  T  N  Ử
V  Õ  N  G  N  D  M  B  V  U  A  R  G  A
P  T  O  O  N  L  I  À  T  U  R  Ă  V  V
G  C  Y  P  Ú  K  N  N  N  C  M  N  Ậ  B
C  G  P  Q  I  L  M  Q  L  U  Y  G  T  D
R  U  M  Y  T  H  I  Ê  N  N  H  I  Ê  N
R  M  D  Â  Y  T  H  Ừ  N  G  C  N  A  N
```

NÚI	BẢN ĐỒ
CÂY	XUỒNG
RỪNG	LA BÀN
LỬA	ĐÈN LỒNG
CABIN	MẶT TRĂNG
ĐỘNG VẬT	HỒ
VÕNG	THIÊN NHIÊN
MŨ	LỀU
CÔN TRÙNG	DÂY THỪNG
SĂN BẮN	

12 - Activiteiten

```
M  A  Y  S  Ă  N  B  Ắ  N  N  A  Đ  H  B
G  H  N  C  M  H  C  B  R  V  A  Ọ  À  Ứ
D  C  R  Â  D  I  G  Ắ  T  Đ  H  C  I  C
T  Q  K  U  Ế  I  N  M  Ồ  N  N  L  T
C  H  V  Đ  P  P  Ả  Đ  A  T  G  H  Ò  R
R  Â  Ư  Ố  L  Ả  I  A  T  H  R  O  N  A
M  L  U  G  N  N  T  N  H  Ủ  O  Ạ  G  N
M  T  U  C  I  H  R  L  U  C  N  T  I  H
H  R  R  U  Á  Ã  Í  O  Ậ  Ô  R  Đ  V  D
T  D  K  Ỹ  N  Ă  N  G  T  N  Y  Ộ  U  P
T  R  Ò  C  H  Ơ  I  Q  P  G  M  N  Q  T
Q  Q  N  G  H  Ệ  T  H  U  Ậ  T  G  N  M
D  A  B  R  D  R  B  I  N  P  O  Y  H  U
O  D  O  A  U  L  À  M  V  Ư  Ờ  N  P  D
```

HOẠT ĐỘNG	MA THUẬT
ĐỒ THỦ CÔNG	MAY
ĐAN	THƯ GIÃN
NHIẾP ẢNH	HÀI LÒNG
TRÒ CHƠI	CÂU ĐỐ
CÂU CÁ	BỨC TRANH
SĂN BẮN	LÀM VƯỜN
CẮM TRẠI	KỸ NĂNG
NGHỆ THUẬT	GIẢI TRÍ
ĐỌC	

13 - Vormen

```
H  K  V  C  U  N  G  H  L  T  B  C  O  N
À  Ì  Ò  A  Ạ  H  G  Ì  Ă  A  Ê  L  Ầ  M
N  G  N  I  C  N  G  N  N  M  N  O  I  U
G  P  G  H  G  D  H  H  G  G  A  M  R  H
C  T  T  D  T  B  M  C  G  I  N  Ó  N  Y
M  R  R  D  G  R  H  H  D  Á  N  A  A  C
N  V  Ò  N  G  Y  Ụ  Ữ  R  C  N  R  O  V
T  R  N  G  Đ  Ư  Ờ  N  G  C  O  N  G  Y
E  L  L  I  P  S  E  H  D  M  P  I  H  Đ
T  N  Y  R  O  L  Q  Ậ  B  Q  P  B  H  A
G  M  K  I  M  T  Ự  T  H  Á  P  G  C  G
H  Y  P  E  R  B  O  L  A  H  R  Ó  K  I
Q  U  Ả  N  G  T  R  Ư  Ờ  N  G  C  V  Á
I  Q  A  P  O  N  V  Q  H  H  V  O  P  C
```

CẦU
CUNG
HÌNH TRỤ
VÒNG TRÒN
ĐƯỜNG CONG
TAM GIÁC
GÓC
HYPERBOLA
BÊN
NÓN

HÀNG
ELLIPSE
KIM TỰ THÁP
LĂNG
CẠNH
HÌNH CHỮ NHẬT
VÒNG
ĐA GIÁC
QUẢNG TRƯỜNG

14 - Astronomie

```
L  B  O  V  O  V  B  Ầ  U  T  R  Ờ  I  T
P  H  K  Ễ  P  R  K  P  Đ  I  S  S  A  O
R  V  N  T  A  H  K  A  À  N  A  A  B  H
Z  O  D  I  A  C  Â  K  I  H  O  O  Ứ  À
M  R  L  N  K  T  I  N  Q  V  B  C  C  N
T  O  L  H  P  B  Q  N  U  Â  Ă  H  X  H
Ê  H  P  T  B  L  Q  L  A  N  N  Ổ  Ạ  T
N  L  I  P  H  I  H  À  N  H  G  I  A  I
L  N  H  Ê  A  Y  V  H  S  Y  C  R  Q  N
Ử  B  D  G  N  O  P  Ũ  Á  H  D  V  H  H
A  G  Q  V  U  H  M  Ặ  T  T  R  Ă  N  G
I  H  C  U  G  L  À  D  B  R  Q  G  T  A
T  R  Á  I  Đ  Ấ  T  L  I  K  Ụ  K  V  U
N  H  Ậ  T  T  H  Ự  C  H  Ò  M  S  A  O
```

TRÁI ĐẤT
PHI HÀNH GIA
ZODIAC
PHÂN
BẦU TRỜI
SAO CHỔI
VŨ TRỤ
MẶT TRĂNG
SAO BĂNG
TINH VÂN

ĐÀI QUAN SÁT
HÀNH TINH
TÊN LỬA
VỆ TINH
SAO
CHÒM SAO
THIÊN HÀ
BỨC XẠ
NHẬT THỰC

15 - Emoties

```
X  B  L  Ò  N  G  T  Ố  T  K  A  H  A  M
Ấ  L  Ị  N  L  N  Ỗ  I  S  Ợ  P  D  G  V
U  I  T  K  G  H  O  B  M  C  L  L  U  V
H  S  V  A  Í  N  U  D  H  U  U  Ặ  C  Y
Ổ  S  A  P  B  C  Ả  M  T  H  Ô  N  G  T
H  Ò  A  B  Ì  N  H  N  N  D  H  G  V  H
N  I  Ề  M  V  U  I  T  Ộ  V  D  O  T  Ư
D  Ị  U  D  À  N  G  N  H  I  T  Q  R  G
Y  Ê  N  B  Ì  N  H  O  Ỗ  Í  D  Q  I  I
C  H  Á  N  N  Ả  N  V  Y  I  C  U  Â  Ã
O  N  L  M  Y  Y  L  C  Y  P  B  H  N  N
H  P  G  V  N  Ê  O  C  K  M  D  U  G  G
U  P  M  L  D  U  L  P  K  I  L  B  Ồ  N
Y  P  Y  R  P  H  À  I  L  Ò  N  G  Q  N
```

NỖI SỢ	BỊ KÍCH THÍCH
XẤU HỔ	YÊN BÌNH
TRI ÂN	CẢM THÔNG
NỖI BUỒN	DỊU DÀNG
BLISS	HÀI LÒNG
NỘI DUNG	CHÁN NẢN
LẶNG	HÒA BÌNH
YÊU	NIỀM VUI
THƯ GIÃN	LÒNG TỐT

16 - Vakantie #2

```
T  H  Ị  T  H  Ự  C  Ắ  M  T  R  Ạ  I  G
L  V  Ậ  N  C  H  U  Y  Ể  N  Y  V  U  N
I  Ề  H  R  R  C  N  L  Q  Ú  I  O  V  U
B  C  U  À  M  B  P  B  Ã  I  B  I  Ể  N
K  Y  B  A  N  G  O  Ạ  I  Q  U  Ố  C  A
B  H  U  M  T  H  T  K  V  K  B  N  A  K
Ả  X  Á  B  U  K  T  G  I  Ả  I  T  R  Í
N  E  N  C  C  P  Đ  R  N  N  Ể  S  N  M
Đ  T  G  I  H  O  Ả  U  Ì  H  N  Â  O  H
Ồ  Ắ  À  B  A  S  O  R  V  N  P  N  R  M
M  C  Y  N  D  B  Ạ  V  T  G  H  B  C  D
V  X  L  N  A  L  V  N  Y  Q  G  A  H  K
K  I  Ễ  H  Ộ  C  H  I  Ế  U  B  Y  U  G
Đ  I  Ể  M  Đ  Ế  N  X  E  L  Ử  A  D  C
```

NÚI
ĐIỂM ĐẾN
NGOẠI QUỐC
ĐẢO
ẢNH
KHÁCH SẠN
BẢN ĐỒ
CẮM TRẠI
SÂN BAY
HỘ CHIẾU

HÀNH TRÌNH
BÃI BIỂN
XE TẮC XI
LỀU
XE LỬA
NGÀY LỄ
VẬN CHUYỂN
THỊ THỰC
GIẢI TRÍ
BIỂN

17 - Weersomstandigheden

```
S  N  T  L  B  N  K  Y  R  H  R  C  N  A
Ư  Ư  D  Ũ  G  Ầ  I  C  U  M  I  B  H  O
Ơ  Ớ  Q  L  G  I  U  Ẩ  M  Ư  Ớ  T  I  I
N  C  B  Ụ  N  A  Ó  T  T  Q  B  A  Ẽ  B
G  Đ  Q  T  L  B  V  M  R  U  N  G  T  Ã
M  Á  G  I  Ó  C  O  Y  Ù  Ờ  H  L  Đ  O
Ù  C  Ầ  U  V  Ồ  N  G  C  A  I  Ố  Ộ  T
C  Ơ  N  B  Ã  O  Y  U  Ự  N  Ễ  C  K  Á
K  H  Ô  N  G  K  H  Í  C  U  T  X  H  P
T  G  H  Ạ  N  H  Á  N  M  G  Đ  O  Í  D
Đ  Á  M  M  Â  Y  I  R  Q  S  Ớ  Á  H  B
C  U  Q  C  H  A  Q  M  R  É  I  Y  Ậ  Y
B  G  I  V  S  Ấ  M  S  É  T  O  N  U  P
O  G  G  K  A  U  A  B  M  I  P  U  M  U
```

KHÔNG KHÍ	LŨ LỤT
SÉT	CỰC
SẤM SÉT	CẦU VỒNG
HẠN HÁN	BÃO TÁP
BẦU TRỜI	NHIỆT ĐỘ
NƯỚC ĐÁ	LỐC XOÁY
KHÍ HẬU	NHIỆT ĐỚI
SƯƠNG MÙ	ẨM ƯỚT
GIÓ MÙA	GIÓ
CƠN BÃO	ĐÁM MÂY

18 - Strand

```
A  Ạ  I  D  Ư  Ơ  N  G  P  P  D  I  Q
V  V  Ô  C  G  H  A  C  Đ  H  O  Y  O
R  Y  A  A  Đ  Y  M  G  O  Ầ  A  G  P  C
M  N  L  V  Ả  G  L  M  Q  M  T  G  Q  O
P  Q  H  Ỏ  O  T  L  Ặ  M  À  M  P  H  U
D  L  U  T  V  H  M  T  H  U  Y  Ề  N  Y
H  O  Q  U  U  M  T  T  X  M  D  M  Y
H  R  C  V  L  Y  H  R  Y  A  K  H  Ă  N
L  T  M  K  O  Ề  P  Ờ  D  N  Ỳ  T  G  Q
B  Ờ  B  I  Ể  N  Y  I  G  H  N  R  A  L
N  I  D  N  V  B  C  U  A  M  G  Ả  C  V
H  V  Ể  B  L  U  Y  Á  K  D  H  L  N  B
D  C  Y  N  C  Ồ  M  K  T  É  Ỉ  Ạ  D  P
H  C  G  H  C  M  B  U  V  P  T  I  M  L
```

MÀU XANH   TRẢ LẠI
THUYỀN   DÉP
DOCK   VỎ
ĐẢO   KỲ NGHỈ
KHĂN   CÁT
CUA   BIỂN
BỜ BIỂN   THUYỀN BUỒM
ĐẦM   MẶT TRỜI
ĐẠI DƯƠNG

19 - Eten #2

```
G  Q  H  D  T  C  B  P  H  D  Ứ  A  S  Y
Ạ  I  U  N  H  B  D  H  Ạ  C  K  Y  Ữ  N
O  C  Ă  Ả  Y  G  N  Ô  N  B  D  Y  A  H
R  Y  M  M  K  À  A  M  H  D  Q  H  C  D
Q  P  N  T  B  I  N  A  N  U  N  N  H  G
H  N  T  P  C  Ô  W  I  H  I  L  Q  U  M
I  K  A  T  Á  O  N  I  Â  V  C  T  A  K
B  C  À  C  H  U  A  G  N  C  H  U  Ố  I
H  L  A  A  K  Y  Y  T  C  Đ  À  O  D  L
Y  T  R  B  N  V  O  D  Q  L  U  T  D  Ú
N  Q  G  M  H  B  Á  N  H  M  Ì  R  Í  A
K  M  K  G  O  T  B  D  L  I  N  Ứ  Y  M
R  M  B  Ô  N  G  C  Ả  I  X  A  N  H  Ì
M  Ă  N  G  T  Â  Y  B  T  G  H  G  U  B
```

HẠNH NHÂN	GIĂM BÔNG
DỨA	PHÔ MAI
TÁO	GÀ
MĂNG TÂY	QUẢ KIWI
CÀ TÍM	ĐÀO
CHUỐI	GẠO
BÔNG CẢI XANH	LÚA MÌ
BÁNH MÌ	CÀ CHUA
NHO	CÁ
TRỨNG	SỮA CHUA

20 - Klimmen

```
C  B  P  I  O  V  Đ  G  I  À  Y  Ố  N  G
C  H  A  H  K  Ậ  À  Ă  Q  C  Q  C  R  A
H  H  U  G  Y  T  O  N  S  Ự  T  Ò  M  Ò
Ư  V  Ấ  Y  V  L  T  G  U  S  G  L  Ũ  T
Ớ  O  T  N  Ê  Ý  Ạ  T  G  Ứ  R  I  B  T
N  U  Q  I  T  N  O  A  L  C  H  P  Ả  G
G  Y  D  B  T  H  G  Y  D  M  B  K  O  I
D  A  C  Y  V  L  Ư  I  H  Ạ  Ả  H  H  L
Ẽ  U  A  T  H  V  R  Ơ  A  N  N  Ô  I  D
N  T  A  L  Ổ  N  Đ  Ị  N  H  Đ  N  Ể  D
N  L  R  H  Y  Y  Q  P  G  G  Ồ  G  M  M
C  K  U  M  Ẹ  T  Y  I  D  A  P  K  P  T
Đ  Ộ  C  A  O  P  K  V  B  Y  C  H  I  Y
A  C  G  B  I  G  H  K  K  R  K  Í  P  C
```

KHÔNG KHÍ

CHUYÊN GIA

VẬT LÝ

HƯỚNG DẪN

HANG

GĂNG TAY

MŨ BẢO HIỂM

ĐỘ CAO

BẢN ĐỒ

SỨC MẠNH

GIÀY ỐNG

CHẤN THƯƠNG

SỰ TÒ MÒ

ĐÀO TẠO

HẸP

ỔN ĐỊNH

21 - Restaurant #1

U	G	Q	B	Á	T	H	Ứ	C	Ă	N	Đ	U	L
C	H	H	Á	K	H	Ă	N	Ă	Ố	A	Ĩ	T	R
R	B	P	N	U	Ự	M	C	H	P	K	A	B	I
Q	C	A	H	N	C	À	P	H	Ê	Q	H	M	O
C	U	R	M	K	Đ	A	C	U	D	P	P	B	Y
D	Q	Y	Ì	T	Ơ	U	Y	G	Ị	Q	V	T	V
Q	A	R	L	H	N	N	G	O	Ứ	K	A	H	Y
T	C	O	B	À	D	K	Ữ	M	N	Q	L	Ị	B
P	A	H	N	N	U	H	I	P	G	À	I	T	M
Y	U	D	P	H	Đ	Ặ	T	P	H	Ò	N	G	B
M	G	U	Q	P	V	B	P	G	O	Ụ	V	V	N
C	N	T	N	H	U	Q	C	A	R	T	C	U	R
I	R	G	A	Ầ	N	H	À	B	Ế	P	B	V	U
C	T	G	U	N	Ư	Ớ	C	X	Ố	T	R	K	Ụ

DỊ ỨNG
ĐĨA
BÁNH MÌ
THÀNH PHẦN
NHÀ BẾP
GÀ
CÀ PHÊ
BÁT
THỰC ĐƠN

DAO
CAY
ĐẶT PHÒNG
NƯỚC XỐT
NỮ PHỤC VỤ
KHĂN ĂN
THỊT
THỨC ĂN

22 - Geologie

```
L  Đ  Ọ  H  C  N  R  Y  K  B  A  U  C  T
Ụ  Ộ  C  O  A  Y  I  A  Q  L  O  M  A  M
C  N  S  P  O  X  U  P  D  K  R  C  L  U
Đ  G  A  K  N  Ó  N  G  C  H  Ả  Y  C  Ố
Ị  Đ  N  N  G  I  L  R  O  O  T  O  I  I
A  Ấ  H  O  U  M  Ớ  R  Đ  Á  H  T  U  D
H  T  Ô  C  Y  Ò  P  H  R  Ạ  I  M  U
Ó  A  O  B  Ê  N  H  L  Q  G  C  N  V  N
A  A  N  D  N  I  H  N  C  S  H  H  Ù  G
T  C  X  G  N  H  Ũ  Đ  Á  Ả  A  T  N  N
H  H  M  I  Đ  U  R  I  N  N  N  H  G  H
Ạ  H  D  N  T  Ộ  N  G  D  O  H  Ể  R  A
C  M  C  B  I  H  N  N  Ú  I  L  Ử  A  M
H  P  A  Y  O  B  C  G  V  I  M  O  O  A
```

ĐỘNG ĐẤT	LỚP
CALCIUM	DUNG NHAM
LỤC ĐỊA	KHOÁNG SẢN
XÓI MÒN	CAO NGUYÊN
HÓA THẠCH	NHŨ ĐÁ
NÓNG CHẢY	ĐÁ
HANG ĐỘNG	NÚI LỬA
SAN HÔ	VÙNG
TINH THỂ	MUỐI
THẠCH ANH	AXIT

23 - Specerijen

```
C  Q  O  D  N  Y  R  C  Y  V  V  Đ  C  C
Q  C  Ớ  C  R  R  A  Â  M  U  A  Ắ  À  Ỏ
Đ  N  T  A  C  N  U  Y  R  M  U  N  R  C
I  K  C  H  Y  Q  M  H  T  N  G  G  I  À
N  H  Ự  K  Ì  I  Ù  Ồ  R  U  N  Ừ  K  R
H  C  A  P  N  L  I  I  D  U  V  N  A  I
H  Â  G  H  G  G  À  M  Q  P  M  G  D  H
Ư  Y  À  R  K  T  H  Ả  O  Q  U  Ả  H  D
Ơ  T  Ỏ  I  A  H  T  Ễ  U  U  Ố  B  K  N
N  H  Ư  Ơ  N  G  V  Ị  T  Ế  I  D  H  B
G  Ì  B  V  K  A  P  P  G  Â  N  G  Ọ  T
P  L  L  I  C  L  M  M  O  N  Y  K  H  G
H  À  N  H  T  A  B  Q  B  V  R  I  V  D
N  H  Ụ  C  Đ  Ậ  U  K  H  Ấ  U  M  V  D
```

CÂY HỒI	ĐINH HƯƠNG
ĐẮNG	NHỤC ĐẬU KHẤU
CỎ CÀ RI	ỚT CỰA GÀ
GỪNG	NGHỆ TÂY
QUẾ	HƯƠNG VỊ
THẢO QUẢ	HÀNH
CÀ RI	VANI
TỎI	THÌ LÀ
CÂY THÌ LÀ	NGỌT
RAU MÙI	MUỐI

24 - Groenten

```
Q  C  À  R  Ố  T  U  M  O  A  T  N  V  N
U  A  D  Ư  A  C  H  U  Ộ  T  P  T  M  Q
Ả  B  Y  M  K  U  T  Q  I  Ỏ  U  B  A  V
B  Ô  L  I  U  V  B  L  C  I  Y  M  R  A
Í  N  U  T  H  U  Q  I  Ầ  P  C  C  C  L
N  G  Y  D  D  B  H  À  N  H  O  À  Ủ  H
G  C  A  T  I  S  Ô  M  T  A  I  T  H  K
Ô  Ả  M  N  M  Ù  I  T  Â  Y  Đ  Í  Ẹ  H
H  I  C  Ủ  C  Ả  I  O  Y  D  Ậ  M  G  O
S  X  C  À  C  H  U  A  Y  U  U  N  D  A
N  A  D  B  G  Ừ  N  G  K  N  N  P  G  I
Ấ  N  L  R  C  D  O  D  Q  H  H  P  G  T
M  H  G  A  L  P  L  A  C  T  C  B  C  Â
M  O  C  N  D  I  R  G  T  U  T  D  V  Y
```

KHOAI TÂY	MÙI TÂY
ATISÔ	QUẢ BÍ NGÔ
CÀ TÍM	CỦ CẢI
BÔNG CẢI XANH	SALAD
ĐẬU	CẦN TÂY
GỪNG	CỦ HẸ
TỎI	RAU BINA
DƯA CHUỘT	CÀ CHUA
Ô LIU	HÀNH
NẤM	CÀ RỐT

25 - Dans

```
T  V  I  N  H  Ị  P  T  T  Y  A  C  N  C
H  Ư  T  R  H  C  Ổ  Đ  I  Ể  N  V  P  H
C  Ơ  T  H  Ể  Ả  V  Ă  N  H  O  Á  N  O
M  Ả  Q  H  L  O  Y  L  C  R  C  P  G  R
H  N  M  G  Ế  C  B  T  N  L  Q  H  N  E
I  Q  Y  X  R  B  C  R  R  I  V  O  Q  O
H  O  Q  U  Ú  H  Q  Ự  V  Đ  Ă  N  H  G
V  U  I  V  Ẻ  C  D  C  M  Ố  N  G  Ọ  R
C  N  H  D  C  C  N  Q  T  I  H  T  C  A
Q  N  G  H  Ệ  T  H  U  Ậ  T  Ó  R  V  P
B  U  V  Q  M  T  G  A  T  Á  A  À  I  H
P  C  Â  Q  G  M  B  N  N  C  C  O  Ẽ  Y
R  N  N  T  R  U  Y  Ề  N  T  H  Ố  N  G
Â  M  N  H  Ạ  C  C  K  N  G  L  Q  P  M
```

HỌC VIỆN
PHONG TRÀO
VUI VẺ
CHOREOGRAPHY
VĂN HÓA
VĂN HOÁ
CẢM XÚC
ÂN
TƯ THẾ

CỔ ĐIỂN
NGHỆ THUẬT
CƠ THỂ
ÂM NHẠC
ĐỐI TÁC
NHỊP
NHẢY
TRUYỀN THỐNG
TRỰC QUAN

26 - Sport

```
Q  T  B  B  L  Ự  C  S  Ĩ  V  N  I  Đ  H
H  H  Ó  T  V  D  O  M  N  I  G  N  Ộ  T
K  Ể  N  G  N  V  L  C  A  N  Ư  H  I  T
B  D  G  O  L  F  V  P  Q  V  Ờ  K  L  M
I  Ự  R  C  I  Q  C  P  N  K  I  R  M  C
P  C  Ổ  X  E  Đ  Ạ  P  P  H  C  U  L  H
K  H  Ú  C  C  Ô  N  C  Ầ  U  H  K  T  Ứ
M  K  O  G  I  D  A  T  K  V  Ơ  M  M  C
I  B  Ó  N  G  C  H  À  Y  G  I  V  T  V
V  L  A  H  G  Y  M  N  A  S  I  U  M  Ô
Y  L  K  Y  M  T  R  Ò  C  H  Ơ  I  I  Đ
T  Y  I  M  Q  U  R  H  T  B  L  O  G  Ị
Q  U  Ầ  N  V  Ợ  T  À  G  U  L  T  Q  C
T  R  Ọ  N  G  T  À  I  O  M  Q  U  B  H
```

LỰC SĨ

BÓNG RỔ

PHONG TRÀO

XE ĐẠP

GOLF

GYMNASIUM

THỂ DỤC

KHÚC CÔN CẦU

BÓNG CHÀY

CHỨC VÔ ĐỊCH

TRỌNG TÀI

TRÒ CHƠI

NGƯỜI CHƠI

ĐỘI

QUẦN VỢT

27 - Mythologie

```
A  N  Ữ  A  N  H  H  Ù  N  G  Q  A  D  S
M  N  G  U  Y  Ê  N  M  Ẫ  U  G  I  C  Ự
M  T  H  I  Ê  N  Đ  Ư  Ờ  N  G  O  D  B
R  Ê  D  H  À  N  H  V  I  U  S  I  A  Ấ
K  S  C  Q  Ù  C  Ó  C  H  Ế  T  Ấ  O  T
G  Á  V  U  A  N  T  R  Ả  T  H  Ù  M  T
H  N  Ă  Á  N  H  G  U  P  G  Y  P  A  Ử
E  G  N  I  A  G  S  Ứ  C  M  Ạ  N  H  L
N  T  H  V  S  A  A  T  H  Ả  M  H  Ọ  A
I  Ạ  O  Ậ  É  U  A  D  M  L  I  Q  A  Q
V  O  Á  T  T  D  D  L  P  N  A  Q  A  P
T  R  U  Y  Ề  N  T  H  U  Y  Ế  T  P  M
C  H  I  Ế  N  B  I  N  H  Y  M  V  N  Q
H  Y  Y  K  V  V  S  I  N  H  V  Ậ  T  I
```

NGUYÊN MẪU

SÉT

SÁNG TẠO

VĂN HOÁ

SẤM

MÊ CUNG

HÀNH VI

ANH HÙNG

NỮ ANH HÙNG

THIÊN ĐƯỜNG

GHEN

SỨC MẠNH

CHIẾN BINH

TRUYỀN THUYẾT

QUÁI VẬT

SỰ BẤT TỬ

THẢM HỌA

CÓ CHẾT

SINH VẬT

TRẢ THÙ

28 - Eten #1

```
C  Á  N  G  Ừ  S  R  I  C  D  D  T  M  M
O  R  L  L  M  A  A  H  Q  Y  I  Y  T  U
P  Đ  B  Ú  V  L  U  Ú  I  L  U  Đ  V  Ố
N  Ậ  H  A  Y  A  B  N  I  D  T  Ư  R  I
Q  U  Ả  M  Ơ  D  I  G  I  G  D  Ờ  C  C
N  P  A  Ạ  Q  A  N  Q  D  H  À  N  H  À
Ư  H  U  C  U  Q  A  U  C  Â  H  G  A  R
Ớ  Ụ  R  H  Ế  A  L  Ế  M  K  U  L  N  Ố
C  N  I  U  G  D  U  N  K  T  U  T  H  T
É  G  M  S  B  P  T  D  A  L  U  Ỏ  Â  Y
P  H  N  Ú  Ữ  O  N  O  V  M  T  I  U  Y
L  G  V  P  H  A  N  O  U  V  T  H  Ị  T
R  G  Q  V  N  Q  T  G  I  O  B  L  P  U
G  D  C  B  M  M  U  G  I  V  I  R  Ê  V
```

DÂU TÂY	SALAD
QUẢ MƠ	NƯỚC ÉP
HÚNG QUẾ	SÚP
CHANH	RAU BINA
LÚA MẠCH	ĐƯỜNG
QUẾ	CÁ NGỪ
TỎI	HÀNH
SỮA	THỊT
LÊ	CÀ RỐT
ĐẬU PHỤNG	MUỐI

29 - Avontuur

```
H  I  V  L  D  G  U  Q  N  R  L  Đ  T  H
Ă  V  M  Y  Q  Ã  A  A  H  M  H  I  H  À
N  Ẻ  A  O  G  L  N  D  U  O  D  Ể  I  N
G  Đ  I  M  Đ  P  T  Đ  P  A  H  M  Ê  H
H  Ẹ  M  Ớ  I  Y  O  H  Ư  Y  Y  Đ  N  T
Á  P  D  U  P  N  À  K  C  Ờ  I  Ế  N  R
I  N  K  A  O  L  N  N  H  N  N  N  H  Ì
H  O  Ạ  T  Đ  Ộ  N  G  U  Ó  T  G  I  N
B  I  Y  H  G  O  I  U  Ẩ  C  K  R  Ê  H
Ạ  K  U  M  Y  K  Ề  Y  N  P  Ơ  H  N  D
N  G  T  C  V  V  M  H  B  R  P  H  Ă  H
B  Y  C  A  T  L  V  I  Ị  V  H  N  Ộ  N
È  Y  I  I  V  M  U  Ể  P  Y  P  U  Q  I
K  K  M  U  A  H  I  M  Q  R  G  O  N  G
```

HOẠT ĐỘNG	MỚI
ĐIỂM ĐẾN	HÀNH TRÌNH
HĂNG HÁI	ĐI
NGUY HIỂM	VẺ ĐẸP
CƠ HỘI	AN TOÀN
KHÓ KHĂN	CHUẨN BỊ
THIÊN NHIÊN	NIỀM VUI
DẪN ĐƯỜNG	BẠN BÈ

30 - Circus

```
R  V  B  P  K  G  T  P  Q  G  Y  I  L  C
N  U  Q  R  Ẹ  H  M  R  O  N  B  D  O  O
V  Y  N  C  O  D  Á  A  I  U  I  I  C  N
B  É  K  U  G  T  U  N  G  H  Ứ  N  G  H
H  B  Ó  N  G  B  A  Y  G  V  M  B  D  Ổ
Đ  Ẹ  P  M  Ắ  T  M  P  L  I  L  Ề  U  Đ
B  B  K  N  V  Y  A  Y  Ừ  T  Ả  N  V  Ộ
R  Q  H  U  L  U  T  C  A  D  B  Q  R  N
H  U  Ỉ  B  I  H  H  H  R  R  K  O  R  G
Â  M  N  H  Ạ  C  U  Ỉ  T  O  C  D  D  V
I  Y  P  M  N  Q  Ậ  L  P  Y  B  M  S  Ậ
C  O  N  V  O  I  T  M  A  H  C  A  Ư  T
N  A  H  T  R  A  N  G  P  H  Ụ  C  T  I
M  L  Q  B  G  N  G  B  A  T  P  K  Ử  Q
```

KHỈ	MA THUẬT
ACROBAT	ÂM NHẠC
BÓNG BAY	CON VOI
ĐỘNG VẬT	KẸO
TUNG HỨNG	ĐẸP MẮT
VÉ	LỀU
TRANG PHỤC	CON HỔ
CHỈ	KHÁN GIẢ
SƯ TỬ	LỪA

31 - Restaurant #2

```
N  Ư  Ớ  C  Y  G  I  A  V  Ị  H  T  L  H
C  G  N  V  C  H  R  V  G  C  V  I  T  A
V  Á  O  M  M  Ế  K  G  U  P  L  I  Q  D
C  Á  I  N  Ĩ  A  L  A  Q  A  G  P  L  O
A  V  O  T  R  Á  I  C  Â  Y  S  A  C  V
I  N  M  P  H  Ụ  C  V  Ụ  N  A  M  M  L
G  T  O  O  V  Ì  P  H  B  I  L  U  Ì  K
L  M  N  I  N  O  A  R  Á  Q  A  Ố  K  I
T  R  Ứ  N  G  D  Q  I  N  B  D  I  Y  R
C  A  G  K  K  O  Y  D  H  Ữ  R  K  Q  G
P  U  L  B  Ữ  A  T  R  Ư  A  U  N  O  A
A  M  H  B  Ă  L  T  Y  D  T  P  L  Q  D
V  Đ  Ồ  U  Ố  N  G  L  A  Ố  N  B  C  A
S  Ú  P  M  M  K  G  R  V  I  Y  Q  Á  L
```

BÁNH	MÌ
BỮA TỐI	PHỤC VỤ NAM
ĐỒ UỐNG	SALAD
TRỨNG	SÚP
TRÁI CÂY	GIA VỊ
RAU	GHẾ
NGON	CÁ
BĂNG	CÁI NĨA
CÁI THÌA	NƯỚC
BỮA TRƯA	MUỐI

32 - Bijen

```
S  Y  L  H  O  A  M  Ậ  T  O  N  G  I  D
C  Á  K  I  Q  Q  K  Ặ  P  P  A  L  L  B
Ô  H  P  V  N  V  H  H  T  H  Ứ  C  Ă  N
N  M  L  E  R  N  C  I  O  T  P  D  H  H
T  K  H  Ó  I  H  Á  Â  T  D  R  Y  Ễ  Ọ
R  V  Ư  Ờ  N  G  N  O  Y  U  M  Ờ  S  P
Ù  G  R  P  K  T  H  Ụ  P  H  Ấ  N  I  L
N  Đ  A  D  Ạ  N  G  U  H  C  Y  Ữ  N  Ạ
G  R  M  H  D  H  B  C  Ấ  D  O  H  H  I
T  R  Á  I  C  Â  Y  N  N  U  P  O  T  M
U  I  Q  L  Ó  L  N  Q  H  R  T  À  H  Y
U  V  O  M  L  D  A  B  O  K  K  N  Á  H
D  H  A  R  Ợ  C  P  H  A  B  R  G  I  L
B  B  N  G  I  A  A  R  N  A  M  M  K  C
```

THỤ PHẤN	KHÓI
HIVE	PHẤN HOA
HOA	VƯỜN
ĐA DẠNG	CÁNH
HỆ SINH THÁI	THỨC ĂN
TRÁI CÂY	CÓ LỢI
MẬT ONG	SÁP
CÔN TRÙNG	MẶT TRỜI
NỮ HOÀNG	HỢP LẠI
CÂY	

33 - Vriendelijkheid

```
V K R P O T R N K R K M T G
B U T I I Y Ộ Y H Ã N G H L
A B I L O P N Ê O Ậ N H Â H
T B N V U V G U A M N I N G
N Ô I R Ẻ N L T N I K Ế T I
C Y N C N P Ư H D A A U H B
P O N T A Ự Ư U A B K I N
K A U Y R I N Ơ N B L H Ệ U
K H H G N Ọ G N G D C Á N Y
H Ữ H Y Đ Á N G T I N C Ậ Y
I U I R P R K G G O M H M A
Ể Í T R U N G T H Ự C H Ú Ý
U C T R D A R I C Y M Y V Q
U H C D L K I Ê N N H Ẫ N A
```

CHÚ Ý
HIỂU
HỮU ÍCH
ĐÁNG TIN CẬY
TÔN TRỌNG
TRUNG THỰC
HIẾU KHÁCH
VUI VẺ

RỘNG LƯỢNG
YÊU THƯƠNG
NHẬN
HÃNG
KIÊN NHẪN
KHOAN DUNG
THÂN THIỆN

34 - School #1

U	K	O	L	B	Ạ	N	B	È	M	B	C	L	G
Q	G	L	O	P	À	U	Ả	M	M	Ú	A	Ớ	I
T	H	Ư	V	I	Ễ	N	N	B	D	T	L	P	M
N	Ế	H	V	P	C	I	G	N	Ú	K	L	H	V
M	Ô	N	T	O	Á	N	C	I	B	T	H	Ọ	I
C	Y	L	Q	H	A	T	H	Ư	M	Ụ	C	C	D
L	Â	P	Q	Đ	O	H	Ữ	B	R	O	A	H	I
D	Q	U	S	Ố	U	Y	C	Y	V	G	V	Q	Ì
V	A	G	T	T	D	S	Á	C	H	I	U	U	R
B	Ữ	A	T	R	Ư	A	I	N	R	Ấ	I	P	O
I	B	P	R	Q	Ả	P	B	M	O	Y	V	U	A
U	H	O	L	G	A	L	T	H	I	K	Ẻ	T	O
U	M	L	M	N	U	V	Ờ	P	M	U	P	L	P
G	I	Á	O	V	I	Ê	N	I	C	L	T	U	M

BẢNG CHỮ CÁI	THƯ MỤC
CÂU TRẢ LỜI	GIẤY
THƯ VIỆN	BÚT
SÁCH	VUI VẺ
BÀN	BÚT CHÌ
SỐ	ĐỐ
THI	GHẾ
LỚP HỌC	BẠN BÈ
GIÁO VIÊN	MÔN TOÁN
BỮA TRƯA	

35 - Wandelen

```
D Q N I M N T H Ờ I T I Ế T
C Ô N G V I Ê N N T M A Q R
M Ặ T T R Ờ I R Ư H Ố O P L
Đ S K H Í H Ậ U Ớ I I V R Q
C Ộ Ự M U Õ I P C Ê N Á P T
H L N Đ M Ệ T T N G C Q G
U O C G Ị N Ặ N G N U H M H
Ẩ C A R V N H M T H Y Đ L I
N M V N T Ậ H V A I H Á Y Q
B L B T G G T H V Ê I C L M
Ị O Ả B H D B G Ư N Ể R N I
D B N Ú I Y Ã O C Ớ M Y I Y
O C Đ C Ắ M T R Ạ I N R I C
A P Ồ G I À Y Ố N G C G Đ Á
```

NÚI

ĐỘNG VẬT

MỐI NGUY HIỂM

BẢN ĐỒ

CẮM TRẠI

VÁCH ĐÁ

KHÍ HẬU

GIÀY ỐNG

MỆT

MUỖI

THIÊN NHIÊN

SỰ ĐỊNH HƯỚNG

CÔNG VIÊN

ĐÁ

CHUẨN BỊ

NƯỚC

THỜI TIẾT

HOANG DÃ

MẶT TRỜI

NẮNG

36 - Ecologie

```
H  U  I  D  I  P  Q  M  Q  L  D  Y  H  P
Q  Ạ  N  B  G  C  P  A  A  A  B  T  T  U
L  T  N  Ú  P  Â  F  L  O  R  A  Ự  T  Q
B  D  U  H  I  Y  A  L  K  H  S  N  O  C
N  N  V  K  Á  D  O  I  B  T  A  H  À  B
K  O  D  C  Ộ  N  G  Đ  Ồ  N  G  I  N  Ề
M  B  P  L  O  À  I  B  Q  Q  U  Ê  C  N
Đ  Ộ  N  G  V  Ậ  T  U  B  D  Y  N  Ằ  V
A  T  H  I  Ê  N  N  H  I  Ê  N  M  U  Ữ
D  T  H  Ự  C  V  Ậ  T  Ể  P  K  T  G  N
Ạ  R  P  T  R  H  U  A  N  U  V  R  H  G
N  K  H  Í  H  Ậ  U  B  C  R  R  P  L  A
G  S  Ự  S  Ố  N  G  C  Ò  N  N  R  O  L
O  L  U  I  B  I  G  C  L  G  Y  G  C  C
```

NÚI   BIỂN
ĐA DẠNG   MARSH
HẠN HÁN   THIÊN NHIÊN
BỀN VỮNG   TỰ NHIÊN
ĐỘNG VẬT   SỰ SỐNG CÒN
FLORA   CÂY
CỘNG ĐỒNG   LOÀI
TOÀN CẦU   THỰC VẬT
KHÍ HẬU

37 - Installaties

```
F  T  R  E  I  V  Y  Y  P  M  V  Y  C  Q
L  H  Q  D  A  I  M  V  H  G  V  A  U  I
O  Ự  M  U  T  H  Ự  C  V  Ậ  T  H  Ọ  C
R  C  C  R  Ả  M  D  Â  L  Á  A  Q  H  T
A  V  Ư  Ờ  N  M  G  Y  H  Ớ  T  P  O  H
H  Ậ  I  D  G  X  Ọ  Y  O  U  N  L  A  T
M  T  U  V  U  Ư  N  N  H  R  D  L  R  C
G  Ố  C  Y  Ồ  Ơ  Q  G  G  Ạ  T  U  Ê  A
B  M  P  V  N  N  R  Ừ  N  G  T  T  U  N
K  L  A  O  G  G  Y  L  Q  I  M  Đ  T  G
M  U  G  P  Ố  R  B  Ụ  I  C  Â  Y  Ậ  M
Q  B  A  N  C  Ồ  P  H  Â  N  B  Ó  N  U
R  O  L  N  G  N  A  Q  C  G  M  T  Y  C
C  Q  H  H  C  G  C  V  Y  N  Q  I  T  Ỏ
```

TRE	LỚN LÊN
QUẢ MỌNG	IVY
HOA	PHÂN BÓN
CÂY	RÊU
HẠT ĐẬU	THỰC VẬT HỌC
RỪNG	GỐC
XƯƠNG RỒNG	BỤI CÂY
FLORA	VƯỜN
LÁ	THỰC VẬT
CỎ	NGUỒN GỐC

38 - School #2

```
N  G  M  M  M  V  C  UỐ  I  T  U  Ầ  N
G  L  H  U  Á  L  Ă  X  E  B  U  Ý  T  R
Ữ  G  I  À  Y  Ị  A  N  D  M  M  K  A  R
P  H  B  Ú  T  C  H  Ì  H  T  L  U  Q  Y
H  V  Ú  C  Í  H  K  T  V  Ọ  V  K  R  P
Á  D  T  H  N  N  R  H  H  N  C  A  V  I
P  Q  O  N  H  P  U  G  O  Ư  N  O  T  Y
B  K  T  B  Ọ  B  H  I  S  A  V  P  V  Y
Q  É  A  H  C  Q  B  Á  Á  D  H  I  N  L
L  O  B  A  L  Ô  L  O  C  D  U  Ọ  Ễ  Q
T  Ừ  Đ  I  Ể  N  N  V  H  L  G  Q  C  N
H  O  K  B  I  B  G  I  Ấ  Y  K  T  L  Y
G  I  Á  O  D  Ụ  C  Ê  M  L  T  B  N  U
K  N  Q  U  I  M  Ô  N  T  O  Á  N  C  M
```

HỌC	GIẤY
THƯ VIỆN	BÚT
SÁCH	BÚT CHÌ
XE BUÝT	BA LÔ
MÁY TÍNH	KÉO
NGỮ PHÁP	GIÀY
LỊCH	CUỐI TUẦN
GIÁO VIÊN	KHOA HỌC
VĂN HỌC	MÔN TOÁN
GIÁO DỤC	TỪ ĐIỂN

39 - Oceaan

```
S  P  V  U  M  S  M  D  U  H  O  I  C  V
Ứ  B  P  O  R  H  A  Q  H  M  U  K  Á  M
A  A  V  M  L  Ư  Ơ  N  I  H  B  R  N  H
C  Á  H  E  O  P  R  I  H  C  À  M  G  N
V  U  L  D  C  K  G  Y  U  Ô  T  U  Ừ  I
B  Ọ  T  B  I  Ể  N  R  H  I  R  Ố  M  Q
Ã  Ạ  P  N  D  H  I  Q  U  A  Ả  I  Y  Q
O  P  C  U  A  R  Ù  A  H  T  L  H  N  C
T  Ả  O  H  O  T  C  Á  N  R  Ạ  L  K  Á
Á  A  M  N  T  H  Ủ  Y  T  R  I  Ề  U  M
P  D  P  M  Ô  U  V  D  M  G  M  Q  R  Ậ
R  T  L  L  M  Y  Ộ  I  P  G  O  D  B  P
A  R  I  O  P  Ề  M  C  Á  V  O  I  R  N
V  D  P  T  K  N  H  Q  T  T  M  D  K  B
```

LƯƠN	BẠCH TUỘC
TẢO	HÀU
THUYỀN	TRẢ LẠI
CÁ HEO	RÙA
TÔM	BỌT BIỂN
THỦY TRIỀU	BÃO TÁP
CÁ MẬP	CÁ NGỪ
SAN HÔ	CÁ
CUA	CÁ VOI
SỨA	MUỐI

40 - Landen #2

```
I  M  H  Y  L  Ạ  P  K  C  L  M  C  T  N
R  E  T  H  I  O  P  I  A  E  A  D  T  C
E  X  U  H  T  D  G  C  V  B  L  U  Y  V
L  I  U  N  N  B  C  U  Y  A  A  I  U  G
A  C  G  N  H  Ậ  T  B  Ả  N  Y  M  K  A
N  O  A  D  Y  B  B  G  N  O  S  N  R  V
D  K  N  I  G  E  R  I  A  N  I  S  A  D
B  K  D  T  B  Q  Y  H  H  E  A  O  I  U
G  V  A  O  V  G  H  K  G  P  P  M  N  N
L  À  O  B  M  K  E  N  Y  A  H  A  A  S
B  Y  I  M  K  V  C  R  G  L  Á  L  U  Y
I  N  D  O  N  E  S  I  A  A  P  I  H  R
Đ  A  N  M  Ạ  C  H  T  H  O  T  A  P  I
L  H  H  M  L  I  B  E  R  I  A  V  P  A
```

ĐAN MẠCH	LIBERIA
ETHIOPIA	MALAYSIA
PHÁP	MEXICO
HY LẠP	NEPAL
IRELAND	NIGERIA
INDONESIA	UGANDA
NHẬT BẢN	UKRAINA
KENYA	NGA
LÀO	SOMALIA
LEBANON	SYRIA

41 - Bloemen

```
M  V  O  B  B  O  C  Ở  B  A  L  Á  C  H
L  C  D  I  Ồ  L  D  Á  C  V  P  B  M  O
V  Y  R  A  N  C  U  G  N  H  G  G  D  A
L  D  A  I  S  Y  Ô  C  I  H  Y  D  Q  O
Ờ  T  Â  I  R  P  C  N  R  D  H  L  U  Ả
I  M  L  M  R  G  H  I  G  U  A  O  G  I
K  P  V  L  B  Ó  H  O  A  A  K  Q  A  H
H  T  H  H  A  Ụ  L  P  H  N  Q  R  Ư
U  C  P  O  K  P  T  D  T  N  K  H  D  Ơ
Y  H  O  A  M  Ẫ  U  Đ  Ơ  N  A  O  E  N
Ê  N  P  H  O  A  L  O  A  K  È  N  N  G
N  T  P  Ồ  B  C  M  A  G  N  O  L  I  A
P  Y  Y  N  A  A  P  H  O  N  G  L  A  N
N  D  G  G  J  A  S  M  I  N  E  K  U  M
```

CÁNH HOA	DAISY
BÓ HOA	MAGNOLIA
GARDENIA	PHONG LAN
DÂM BỤT	BỒ CÔNG ANH
JASMINE	POPPY
CỎ BA LÁ	HOA MẪU ĐƠN
HOA OẢI HƯƠNG	HOA HỒNG
HOA LOA KÈN	LỜI KHUYÊN

42 - Huisdieren

```
M Y V V O C T C Á A T L B H
Y T L A N O D H G H N M Á A
T H L H P N Ê M Ứ D D P C M
M Y R Ù A V B V I C G K S S
C Ổ Á O I Ẹ T Ò I U Ă O Ĩ T
U T C O N T H Ằ N L Ằ N T E
B Y N U K A Ở V Ư D U H H R
Đ C O N M È O L Ớ R D T Ú N
D U C I È U A A C G K N Y O
K P Ô N O M B L Y L G I O I
K R U I C N H C M C H U Ộ T
G N B T O M L N C H Ó C O N
T U B C N I I Q K Ó H Y I R
P R D D K L O M D O Q L A Q
```

BÁC SĨ THÚ Y   CỔ ÁO
DÊ   CHUỘT
CON THẰN LẰN   CON VẸT
HAMSTER   CHÓ CON
CHÓ   RÙA
CON MÈO   ĐUÔI
MÈO CON   CÁ
BÒ   THỨC ĂN
THỎ   NƯỚC

43 - Landschappen

```
I  D  Q  T  N  K  L  P  B  Q  S  K  H  V
Q  L  U  M  H  A  N  G  Y  L  A  M  P  G
T  Q  O  V  I  Á  L  K  B  N  M  Đ  Ầ  M
R  A  B  D  V  L  C  Y  Y  Q  Ạ  A  N  T
N  Q  Ã  V  H  V  Ị  N  H  U  C  S  R  U
I  U  I  C  Ồ  R  O  H  Ư  Q  V  Ô  M  T
A  Y  B  B  I  Ể  N  V  H  Ớ  Q  N  M  H
N  Ú  I  L  Ử  A  B  H  D  T  C  G  N  U
P  M  Ể  Q  L  R  Y  Á  A  T  B  O  T  N
M  K  N  Ú  I  N  S  Ô  N  G  B  Ă  N  G
Đ  Ầ  M  L  Ầ  Y  Y  G  Đ  Đ  Q  I  A  L
Đ  Ạ  I  D  Ư  Ơ  N  G  Ả  C  Ả  A  D  Ũ
H  Ồ  M  O  Q  R  A  G  O  A  T  O  N  N
K  M  I  Ố  C  Đ  Ả  O  K  N  I  Y  P  G
```

NÚI	ĐẠI DƯƠNG
ĐẢO	SÔNG
SÔNG BĂNG	BÁN ĐẢO
VỊNH	BÃI BIỂN
HANG	THUNG LŨNG
ĐỒI	NÚI LỬA
ĐẦM	THÁC NƯỚC
HỒ	SA MẠC
ĐẦM LẦY	BIỂN
ÓC ĐẢO	

44 - Tuin

```
V U U Y V B V H P G L B V L
P L S T Õ Ụ D M B N C Ă V B
U V Â K N I B N H G O N H T
R V N N G C A G H D I G D G
N I T A A Â À O À P H G T O
U I H O A Y T O N K V H V R
C R Ư O W Đ Ấ T G H Ò Ế Y H
Đ N Ợ R E H M L R T I L I C
Á G N K E M B K À V T Ê G I
H R G G D B Ạ X O U H L N B
V O Y L S L T U Ẻ K Ẻ Q C G
Ư M D D M D G M G N K C Ỏ A
Ờ C Â Y N V V D V D G H P R
N G N M P N M M R K M O H A
```

BĂNG GHẾ
HOA
ĐẤT
CÂY
THẺ
GA-RA
CỎ
VÕNG
CÀO
HÀNG RÀO

WEEDS
ĐÁ
XẺNG
VÒI
BỤI CÂY
SÂN THƯỢNG
TẤM BẠT
VƯỜN
HIÊN
AO

45 - Katten

```
B  U  Ồ  N  C  Ư  Ờ  I  Í  T  Đ  Q  O  A
Đ  A  K  I  H  V  M  I  B  H  I  V  Y  M
C  Ộ  G  K  U  R  H  B  Y  Ợ  Ê  I  V  O
D  L  C  Q  Ộ  H  I  O  I  S  N  G  N  T
O  R  L  L  T  P  Đ  P  A  Ă  B  L  H  O
P  Q  P  N  Ậ  D  U  H  V  N  B  P  A  L
Y  I  A  Y  P  Ô  P  C  Y  G  C  N  T
P  K  V  H  S  Ợ  I  T  T  C  V  D  H  N
C  K  U  T  Ò  M  Ò  R  U  P  C  P  Ã  Y
V  I  I  C  D  O  G  C  Á  T  Í  N  H  T
D  U  T  A  M  T  U  A  H  V  Q  R  K  G
M  Q  Ư  D  H  I  R  R  R  Â  R  G  R  U
K  H  Ơ  Y  G  A  V  U  O  V  N  G  Ử  R
C  U  I  N  H  Ú  T  N  H  Á  T  M  Q  I
```

SỢI

CÁ TÍNH

ĐIÊN

CHÂN

BUỒN CƯỜI

NGỦ

THỢ SĂN

NHANH

ÍT

VUI TƯƠI

CHUỘT

ĐUÔI

TÒ MÒ

NHÚT NHÁT

ĐỘC LẬP

HOANG DÃ

46 - Beroepen #2

```
R  I  D  P  T  Q  T  G  Q  V  C  G  I  V
I  Q  C  Y  H  O  Ạ  A  M  O  H  I  P  A
T  B  H  K  Ủ  I  G  B  U  H  Í  Á  H  C
N  R  N  N  T  L  C  V  U  P  N  O  I  Y
B  H  I  I  H  D  U  Ô  P  P  H  V  H  U
C  Ọ  I  Ế  Ư  H  R  P  N  I  T  I  À  R
K  A  Q  Ế  T  V  Y  N  H  G  R  Ê  N  V
B  S  M  G  P  G  N  D  A  N  Ị  N  H  Q
P  Ĩ  H  D  Q  Ả  I  P  S  H  G  H  G  V
T  H  Á  M  T  Ử  N  A  Ĩ  O  I  À  I  K
V  I  B  Á  C  S  Ĩ  H  O  A  A  B  A  Ỹ
N  Ô  N  G  D  Â  N  G  G  Y  T  Á  D  S
I  A  P  T  V  A  G  V  G  I  Á  O  S  Ư
N  H  À  N  G  Ô  N  N  G  Ữ  A  D  R  Y
```

BÁC SĨ   NHÀ BÁO
PHI HÀNH GIA   GIÁO VIÊN
THỦ THƯ   NHÀ NGÔN NGỮ
NÔNG DÂN   PHI CÔNG
THÁM TỬ   CHÍNH TRỊ GIA
TRIẾT GIA   GIÁO SƯ
NHIẾP ẢNH GIA   HỌA SĨ
HOẠ   NHA SĨ
KỸ SƯ

47 - Dagen en Maanden

```
B  P  G  T  T  H  Á  N  G  1  2  T  Q  D
V  L  Ị  C  H  H  O  G  K  T  R  H  G  C
L  A  N  G  Ứ  Ứ  Y  À  T  H  D  Á  M  H
A  C  C  M  S  C  B  Y  H  Ứ  A  N  T  Ủ
C  B  G  V  Á  K  V  A  Á  N  T  G  H  N
B  D  H  B  U  G  O  M  N  Ă  H  M  Á  H
T  H  Ứ  B  Ả  Y  H  P  G  M  Á  Ộ  N  Ậ
U  N  Ă  M  T  K  U  B  M  U  N  T  G  T
Ầ  D  Q  P  T  H  Ứ  T  Ư  A  G  H  H  Y
N  D  N  A  I  B  Á  P  Ờ  U  M  Á  A  U
I  T  H  Ứ  H  A  I  N  I  B  O  N  I  R
T  H  Á  N  G  S  Á  U  G  I  U  G  Y  B
T  H  Á  N  G  B  Ả  Y  I  9  V  T  O  Y
T  V  D  K  C  B  U  A  U  P  I  Ư  P  C
```

THÁNG TƯ	LỊCH
NGÀY	THÁNG
THÁNG 12	THỨ HAI
THỨ BA	THÁNG MƯỜI
THỨ NĂM	THÁNG 9
THÁNG HAI	THỨ SÁU
NĂM	TUẦN
THÁNG MỘT	THỨ TƯ
THÁNG BẢY	THỨ BẢY
THÁNG SÁU	CHỦ NHẬT

48 - Beeldende Kunsten

```
N  I  N  A  M  O  C  K  C  Ả  U  M  U  K
Y  G  T  T  D  C  H  I  Á  N  O  Y  Q  I
D  I  H  K  T  T  Â  Ế  I  H  Y  D  H  Ễ
Y  Ấ  À  Ễ  G  U  N  N  B  C  M  C  O  T
A  Y  N  I  S  Q  D  T  Ú  H  V  N  Đ  T
M  N  H  Q  A  Ĩ  U  R  T  Ụ  P  M  Ồ  Á
U  Ế  P  I  N  P  N  Ú  K  P  M  T  G  C
V  N  H  T  R  N  G  C  A  O  R  M  Ố  P
B  L  Ầ  I  C  Q  U  A  N  Đ  I  Ể  M  H
U  A  N  S  Á  N  G  T  Ạ  O  V  B  G  I
S  Á  P  G  P  B  Ú  T  C  H  Ì  Ẽ  B  M
Đ  I  Ê  U  K  H  Ắ  C  I  T  T  O  B  Ả
Y  T  P  N  V  Đ  Ấ  T  S  É  T  B  B  N
P  B  Ứ  C  T  R  A  N  H  U  V  T  Y  H
```

ĐỒ GỐM	KIỆT TÁC
KIẾN TRÚC	CÁI BÚT
NGHỆ SĨ	QUAN ĐIỂM
ĐIÊU KHẮC	CHÂN DUNG
SÁNG TẠO	BÚT CHÌ
VẼ	THÀNH PHẦN
PHIM ẢNH	BỨC TRANH
ẢNH CHỤP	GIẤY NẾN
ĐẤT SÉT	SÁP
PHẤN	

49 - Menselijk Lichaam

```
H  K  K  P  A  R  P  V  B  O  K  N  Y  R
Y  H  O  H  Y  A  P  R  V  L  C  C  N  Y
R  Ó  Đ  Ầ  U  O  I  A  L  T  B  G  U  D
M  C  H  Â  N  Ỷ  V  P  M  T  A  Y  C  T
M  L  V  B  O  T  U  O  U  A  M  N  Ằ  G
H  L  L  Ư  Ở  I  M  T  C  I  Ũ  G  M  B
À  I  G  P  B  M  I  Đ  A  Ổ  I  Ó  U  R
M  Ắ  T  C  Á  Ụ  Ễ  Ầ  G  Y  V  N  L  D
I  I  U  G  C  A  N  U  H  N  T  T  M  A
G  D  C  Y  U  G  G  G  C  H  L  A  U  O
P  A  A  D  O  G  P  Ố  P  B  T  Y  U  B
M  Á  U  Q  I  V  A  I  P  V  O  M  D  L
Y  Q  G  H  Y  I  U  B  V  G  R  U  O  U
V  V  B  K  N  V  N  M  R  N  B  H  C  K
```

CHÂN	CẰM
MÁU	ĐẦU GỐI
KHUỶU TAY	BỤNG
MẮT CÁ	MIỆNG
TAY	CỔ
TIM	MŨI
ÓC	TAI
ĐẦU	VAI
DA	LƯỠI
HÀM	NGÓN TAY

50 - Familie

```
D  D  A  B  C  O  N  T  Ổ  T  I  Ê  N  B
G  K  Q  D  H  K  K  H  G  P  G  I  V  Y
K  I  N  T  Á  Y  A  U  N  I  A  L  M  U
D  Ì  P  V  U  T  B  E  D  D  I  H  N  C
O  A  C  G  H  Y  H  N  M  K  Y  R  Q  H
C  H  Á  U  T  R  A  I  Ẹ  G  A  L  A  T
C  H  Á  U  G  Á  I  Q  T  K  Á  A  L  R
O  T  H  Ờ  I  T  H  Ơ  Ấ  U  M  I  I  Ẻ
N  Y  L  R  O  T  C  K  B  T  P  C  C  E
G  T  O  C  V  H  K  C  R  L  H  T  M
Á  B  R  N  P  V  Ồ  M  O  Y  D  Ú  C  K
I  À  Ô  C  M  V  N  D  M  V  M  V  V  A
Y  B  N  A  H  D  G  K  B  P  Ợ  B  M  G
R  V  G  G  R  A  A  N  H  T  R  A  I  H
```

ANH TRAI	CHÁU
CON GÁI	CHÁU GÁI
BÀ	CHÚ
THỜI THƠ ẤU	ÔNG
CON	DÌ
TRẺ EM	CHA
CHÁU TRAI	TỔ TIÊN
CHỒNG	VỢ
MẸ	EM GÁI

51 - Gebouwen

```
U  U  T  R  Ư  Ờ  N  G  H  Ọ  C  Y  Đ  L
C  Ă  N  H  Ộ  H  A  H  O  O  O  N  Ạ  Ề
T  S  I  Ê  U  T  H  Ị  U  T  K  Y  I  U
K  H  Á  C  H  S  Ạ  N  O  I  O  L  S  Đ
R  B  Á  M  N  V  P  I  I  P  C  B  Ứ  À
O  T  H  P  H  G  G  P  U  I  I  Ả  Q  I
V  H  A  I  À  L  Â  U  Đ  À  I  O  U  Q
O  Ự  U  O  M  R  R  Ạ  P  H  Á  T  Á  U
L  M  A  Q  Á  Q  C  Q  Q  K  H  À  N  A
M  T  M  H  Y  Y  G  A  R  A  L  N  I  N
B  Ệ  N  H  V  I  Ệ  N  B  U  Y  G  B  S
H  Y  H  Y  C  G  Y  Đ  Ạ  I  H  Ọ  C  Á
S  Â  N  V  Ậ  N  Đ  Ộ  N  G  N  H  À  T
I  V  R  G  N  C  N  Ô  N  G  T  R  Ạ  I
```

ĐẠI SỨ QUÁN
CĂN HỘ
NÔNG TRẠI
CABIN
NHÀ MÁY
GA-RA
KHÁCH SẠN
NHÀ
LÂU ĐÀI
BẢO TÀNG

ĐÀI QUAN SÁT
TRƯỜNG HỌC
VỰA
SÂN VẬN ĐỘNG
SIÊU THỊ
LỀU
RẠP HÁT
THÁP
ĐẠI HỌC
BỆNH VIỆN

52 - Kunst

```
T  I  O  C  T  O  A  O  N  V  C  Y  B  T
R  K  I  Á  Â  H  C  H  Ủ  Đ  Ề  A  C  R
Ự  U  K  N  M  G  À  G  Q  P  U  H  V  U
C  G  K  H  T  N  P  N  Ố  Q  Y  V  V  N
Q  H  D  Â  R  Q  H  G  H  C  O  U  P  G
U  T  R  N  Ạ  B  Ứ  K  T  P  G  V  H  T
A  H  N  N  N  H  C  B  P  H  H  C  Đ  H
N  Ơ  U  L  G  N  T  D  C  P  P  Ầ  Ơ  Ự
V  V  T  G  Ố  H  Ạ  L  P  Y  U  G  N  C
B  D  B  O  M  U  P  K  D  C  R  U  G  H
C  T  C  Đ  I  Ê  U  K  H  Ắ  C  O  I  U
B  I  Ể  U  H  I  Ệ  N  M  K  T  A  Ả  K
A  L  H  A  O  B  I  Ể  U  T  Ư  Ợ  N  G
C  Ả  M  H  Ứ  N  G  M  P  G  Q  T  C  L
```

ĐIÊU KHẮC
PHỨC TẠP
ĐƠN GIẢN
TRUNG THỰC
CẢM HỨNG
TÂM TRẠNG
GỐM
CHỦ ĐỀ

GỐC
CÁ NHÂN
THƠ
THÀNH PHẦN
BIỂU TƯỢNG
BIỂU HIỆN
TRỰC QUAN

53 - Beroepen #1

```
T  H  Ợ  S  Ă  N  H  À  V  Ậ  T  L  Ý  I
N  H  À  Đ  Ị  A  C  H  Ấ  T  L  R  I  A
G  J  Ợ  H  P  Q  G  O  U  V  Ự  D  R  A
H  Q  E  C  M  D  Y  U  V  Ũ  C  Ô  N  G
Ễ  K  B  W  Ơ  Đ  Ạ  I  S  Ứ  S  O  H  P
S  A  G  N  E  K  P  Q  O  T  Ĩ  R  Ạ  Y
Ĩ  I  G  C  G  L  H  L  M  T  C  M  C  T
P  V  U  C  I  V  E  Í  U  U  A  T  S  Á
I  L  U  Ậ  T  S  Ư  R  B  M  B  M  Ĩ  H
A  D  Ư  Ợ  C  S  Ĩ  O  Y  V  B  C  D  R
N  B  Á  C  S  Ĩ  T  H  Ú  Y  K  E  V  V
O  B  I  Ê  N  T  Ậ  P  V  I  Ê  N  R  P
L  Í  N  H  C  Ứ  U  H  Ỏ  A  P  Y  T  B
B  Á  C  S  Ĩ  N  G  Â  N  H  À  N  G  T
```

LUẬT SƯ
ĐẠI SỨ
DƯỢC SĨ
LỰC SĨ
NGÂN HÀNG
LÍNH CỨU HỎA
VŨ CÔNG
BÁC SĨ THÚ Y
BÁC SĨ
BIÊN TẬP VIÊN

NHÀ ĐỊA CHẤT
THỢ SĂN
JEWELER
PLUMBER
THỢ CƠ KHÍ
NHẠC SĨ
NHÀ VẬT LÝ
NGHỆ SĨ PIANO
Y TÁ

54 - Kastelen

```
D M O R U Đ R O L B C Y G Y
U K O U Q Ế Ồ G T R N O Y T
N A Ỳ B T C N G Ự A D C Y U
G D I L Q H G Q Y L A D Y A
E T D K Â Ế C A T A P U L T
O Y K R K N K U Q Ư C C D Y
N C Á I K H I Ê N U Ờ U M H
T A K M Á O G I Á P H N C O
V Ư Ơ N G Q U Ố C T I G G À
V Ư Ơ N G M I Ệ N H Ệ Đ D N
P H O N G K I Ế N Á P I A G
T H A N H K I Ế M P S Ẽ D T
C Ô N G C H Ú A N K Ĩ N I Ử
N O B L E T R I Ề U Đ Ạ I C
```

RỒNG	TƯỜNG
TRIỀU ĐẠI	NGỰA
NOBLE	CUNG ĐIỆN
KỲ LÂN	HOÀNG TỬ
PHONG KIẾN	CÔNG CHÚA
ÁO GIÁP	HIỆP SĨ
CATAPULT	ĐẾ CHẾ
DUNGEON	CÁI KHIÊN
VƯƠNG QUỐC	THÁP
VƯƠNG MIỆN	THANH KIẾM

55 - Insecten

```
G V C B P A H K O B C O A Y
O M G O A A O G M Ọ O N H D
G K U B N G M Ố I C N G Y K
H B T Ỗ B O U G A Á V I T G
K I Ế N I R N R B N E Á G T
H O R N E T Ễ G A H S N G D
B Ọ C H É T A P G C Ằ Q P G
Ư C H Â U C H Ấ U Ứ U D C A
Ớ H C O Ấ U T R Ù N G Q S M
M B Ư Ớ M V B Ọ N G Ự A Â U
Đ R A R A M R M G L G O U V
Ê R R Q G G K I B K C H G G
M R C B C N P D V P C I D H
Y R I Q C V N N P I O O A I
```

BỌ NGỰA
CON ONG
RỆP
CON VE SẦU
HORNET
GIÁN
BỌ CÁNH CỨNG
ẤU TRÙNG
KIẾN

BƯỚM ĐÊM
MUỖI
CHÂU CHẤU
MỐI
BƯỚM
BỌ CHÉT
ONG
SÂU

56 - Antarctica

```
R  K  V  A  N  Y  G  B  L  Ụ  C  Đ  Ị  A
N  B  H  O  M  C  U  Á  Y  D  Y  I  G  Q
K  Đ  Ả  O  R  R  L  N  H  I  Ễ  T  Đ  Ộ
I  H  L  O  Á  R  B  Đ  C  C  H  H  Ị  Đ
R  N  O  R  T  N  I  Ả  M  Ư  R  Ă  A  Á
O  C  À  A  U  Ồ  G  O  V  G  K  M  H  M
N  Q  I  V  H  R  N  S  U  H  N  D  Ì  M
B  Ă  N  G  N  Ọ  D  P  Ả  P  A  Ò  N  Â
M  H  I  O  M  N  C  C  B  N  M  D  H  Y
C  H  I  M  C  Á  N  H  C  Ụ  T  A  B  P
D  V  Ị  N  H  M  Ô  I  T  R  Ư  Ờ  N  G
B  Q  G  C  M  Ô  N  Đ  Ị  A  L  Ý  M  C
N  B  A  R  O  C  K  Y  N  Ư  Ớ  C  I  D
S  Ô  N  G  B  Ă  N  G  G  Y  M  K  O  C
```

VỊNH	MÔI TRƯỜNG
BẢO TỒN	CHIM CÁNH CỤT
LỤC ĐỊA	ROCKY
ĐẢO	BÁN ĐẢO
THĂM DÒ	LOÀI
MÔN ĐỊA LÝ	NHIỆT ĐỘ
SÔNG BĂNG	ĐỊA HÌNH
BĂNG	NƯỚC
DI CƯ	KHOA HỌC
KHOÁNG SẢN	ĐÁM MÂY

57 - Ballet

```
C  B  C  H  O  R  E  O  G  R  A  P  H  Y
Ơ  Ư  A  K  Ỹ  T  H  U  Ậ  T  K  U  Q  K
B  D  Ờ  L  P  H  O  N  G  C  Á  C  H  B
Ắ  Q  I  N  L  I  G  O  M  Ử  Y  I  A  U
P  O  K  H  G  E  A  P  V  C  Q  A  K  T
U  G  I  À  P  Đ  R  N  B  H  U  Q  H  R
I  L  O  S  M  B  Ộ  I  D  Ỉ  I  N  Á  C
G  L  I  O  I  A  T  M  N  Q  T  Q  N  R
Y  L  D  Ạ  K  D  A  Ậ  Q  A  K  C  G  N
O  Â  M  N  H  Ạ  C  G  P  B  B  O  I  H
Q  I  A  N  G  H  Ệ  T  H  U  Ậ  T  Ả  !
B  N  R  H  D  R  D  À  N  N  H  Ạ  C  P
L  M  D  Ạ  K  Ỹ  N  Ă  N  G  T  B  O  R
T  V  Ũ  C  Ô  N  G  Y  H  B  T  H  D  B
```

NGHỆ THUẬT	DÀN NHẠC
BALLERINA	TẬP
CHOREOGRAPHY	KHÁN GIẢ
NHÀ SOẠN NHẠC	NHỊP
VŨ CÔNG	CƠ BẮP
CỬ CHỈ	PHONG CÁCH
CƯỜNG ĐỘ	KỸ THUẬT
ÂM NHẠC	KỸ NĂNG

58 - Vissen

```
P Q B O P D N M P Q M I P C
L D U S K V Â C Á I R Ổ H Q
B V M Ô T H U Y Ề N I Q Ó R
G M P N M Ó C M N Ấ Y K N C
B P M G A C Â Ồ B U L I G P
N Ã K G N H N I C V U Ê Đ A
O U I A G M N G G Â O Ạ C
D N B B N I Ặ H M Y A N I K
M T Y L I I N Ư Ớ C O H Ồ Q
Y T B M O Ể G B L C D Ã V P
A I H V Y P N Q T N V N U N
A A B D L T V T H I Ế T B Ị
N V I H À M Ù A A I T U B G
Đ Ạ I D Ư Ơ N G H K R I A N
```

MỒI	CÁI RỔ
THIẾT BỊ	HỒ
THUYỀN	ĐẠI DƯƠNG
DÂY	PHÓNG ĐẠI
KIÊN NHẪN	SÔNG
CÂN NẶNG	MÙA
MÓC	BÃI BIỂN
HÀM	VÂY
MANG	NƯỚC
NẤU	

59 - Fruit

```
Q  U  Ả  K  I  W  I  R  Q  Y  H  I  D  Y
U  T  G  Y  Q  P  O  O  K  P  Y  N  P  T
Ả  Á  K  V  U  M  Ậ  N  Q  O  B  H  N  D
M  O  H  D  C  Â  Y  X  U  Â  N  Đ  À  O
Ọ  N  L  M  A  M  T  C  Ẳ  C  P  U  I  H
N  H  O  Ê  M  X  R  B  A  C  C  Đ  À  O
G  L  U  R  I  Ô  Á  T  N  H  H  Ủ  M  R
I  G  O  I  M  I  I  A  H  I  Q  A  P  C
A  P  G  H  C  H  X  P  Đ  C  U  K  N  B
T  R  Á  I  B  Ơ  O  L  À  H  Ả  V  A  H
N  O  D  Ừ  A  P  À  G  O  U  M  Y  N  U
O  T  Ứ  Ư  R  O  I  R  V  Ố  Ơ  D  K  Y
C  P  A  U  A  P  R  U  V  I  T  K  C  R
U  U  Q  I  M  B  V  G  T  G  G  I  V  P
```

QUẢ MƠ	QUẢ KIWI
DỨA	DỪA
TÁO	TRÁI XOÀI
TRÁI BƠ	DƯA
CHUỐI	CÂY XUÂN ĐÀO
QUẢ MỌNG	CAM
CHANH	ĐU ĐỦ
NHO	LÊ
MÂM XÔI	ĐÀO
QUẢ ANH ĐÀO	MẬN

60 - Literatuur

```
L  P  H  Â  N  T  Í  C  H  R  Ý  T  Y  P
B  N  Ộ  R  C  P  I  L  I  D  K  Á  H  H
À  T  I  R  U  H  A  Ể  H  T  I  C  N  O
I  I  T  H  Ơ  Ầ  O  O  U  D  Ế  G  V  N
T  Ể  H  H  Ẩ  N  D  Ụ  K  S  N  I  I  G
H  U  O  B  I  K  Ị  C  H  B  Ử  Ả  Ễ  C
Ơ  T  Ạ  S  T  Ế  C  H  Ủ  Đ  Ề  S  N  Á
P  H  I  O  Ư  T  V  Ầ  N  R  V  Ự  T  C
A  U  Y  S  Ơ  L  Y  N  C  Q  N  M  Ư  H
H  Y  M  Á  N  U  L  B  H  H  D  I  Ở  D
V  Ế  D  N  G  Ậ  M  U  T  V  V  Ê  N  H
C  T  Y  H  T  N  C  I  G  N  G  U  G  Y
U  K  V  V  Ự  N  H  Ị  P  R  B  T  G  K
G  I  A  I  T  H  O  Ạ  I  H  G  Ả  K  K
```

TƯƠNG TỰ	ẨN DỤ
PHÂN TÍCH	SỰ MIÊU TẢ
GIAI THOẠI	THƠ
TÁC GIẢ	VẦN
TIỂU SỬ	NHỊP
PHẦN KẾT LUẬN	TIỂU THUYẾT
HỘI THOẠI	PHONG CÁCH
VIỄN TƯỞNG	CHỦ ĐỀ
BÀI THƠ	BI KỊCH
Ý KIẾN	SO SÁNH

61 - Technologie

```
Y  D  P  P  L  Y  C  U  M  Á  Y  Ả  N  H
L  Ữ  R  H  B  V  L  V  À  O  R  O  K  U
Q  L  C  K  V  V  C  O  N  T  R  Ỏ  Ỹ  T
T  I  H  H  P  L  U  T  V  I  R  Ú  T  R
Ậ  Ẽ  Ữ  T  H  Ô  N  G  Đ  I  Ệ  P  H  Ì
P  U  N  G  H  I  Ê  N  C  Ứ  U  R  U  N
T  H  O  G  H  C  M  Q  L  Y  I  M  Ậ  H
I  H  Ầ  B  V  R  T  N  G  T  P  L  T  D
N  B  Ố  N  L  K  K  A  P  A  I  Y  S  U
H  N  P  N  M  O  Q  N  T  A  P  K  Ố  Y
I  R  B  R  G  Ề  G  V  Q  B  L  H  Y  Ệ
V  M  R  R  Y  K  M  Q  H  P  V  P  C  T
A  N  N  I  N  H  Ê  M  Á  Y  T  Í  N  H
R  N  A  N  Ộ  I  N  T  E  R  N  E  T  R
```

THÔNG ĐIỆP	INTERNET
TẬP TIN	CHỮ
BLOG	NGHIÊN CỨU
TRÌNH DUYỆT	MÀN
NỘI	PHẦN MỀM
MÁY ẢNH	THỐNG KÊ
MÁY TÍNH	AN NINH
CON TRỎ	ẢO
KỸ THUẬT SỐ	VI RÚT
DỮ LIỆU	

62 - Boeken

```
N  D  A  L  B  L  O  Ạ  T  Á  C  G  I  Ả
N  G  C  Ó  L  I  Ê  N  Q  U  A  N  K  Y
R  O  Ư  Q  N  R  K  K  É  O  D  À  I  A
I  C  V  Ờ  Q  O  L  Ị  C  H  S  Ử  M  R
Y  C  H  À  I  H  Ư  Ớ  C  T  R  A  N  G
N  O  Y  D  L  Đ  R  M  H  H  M  T  L  O
N  T  Q  B  O  L  Ọ  B  Ố  I  C  Ả  N  H
L  H  Y  O  C  Â  U  C  H  U  Y  Ễ  N  B
N  G  Â  T  I  Ể  U  T  H  U  Y  Ế  T  À
Q  G  C  N  B  Ộ  S  Ư  U  T  Ậ  P  H  I
B  B  K  R  V  Ă  N  H  Ọ  C  Y  R  Ơ  T
B  R  H  V  I  Ậ  S  Á  N  G  T  Ạ  O  H
D  D  I  P  Ế  U  T  H  H  V  Ừ  H  D  Ơ
B  M  M  Y  T  Y  R  L  K  A  O  Q  O  B
```

TÁC GIẢ	NHÂN VẬT
TRANG	NGƯỜI ĐỌC
BỘ SƯU TẬP	VĂN HỌC
BỐI CẢNH	THƠ
KÉO DÀI	CÓ LIÊN QUAN
BÀI THƠ	TIỂU THUYẾT
VIẾT	LOẠT
LỊCH SỬ	BI KỊCH
HÀI HƯỚC	CÂU CHUYỆN
SÁNG TẠO	TỪ

63 - Meer Informatie

```
T  H  I  Ê  N  H  À  T  D  Q  Q  D  T  O
Ư  B  Í  Ẩ  N  Ả  O  G  I  Á  C  Y  Ư  U
Ơ  K  R  R  Ổ  H  C  P  V  Y  Ô  S  Ở  B
N  K  M  G  Q  M  Á  L  A  O  N  T  N  H
G  D  Q  U  T  O  P  I  A  R  G  O  G  À
L  M  U  A  K  U  N  K  C  A  N  P  T  N
A  D  P  Y  R  Q  K  K  P  C  G  I  Ư  H
I  T  U  Y  Ễ  T  V  Ờ  I  L  H  A  Ợ  T
K  Ị  C  H  B  Ả  N  Y  R  E  Ẽ  A  N  I
S  T  H  Ự  C  T  Ế  I  N  U  T  P  G  N
Á  N  G  U  Y  Ê  N  T  Ử  L  O  L  C  H
C  Q  B  O  G  D  M  D  C  Ự  C  V  Ử  I
H  C  H  Q  N  P  T  H  Ế  G  I  Ớ  I  A
H  O  B  H  C  U  A  B  T  R  C  Q  C  A
```

NGUYÊN TỬ
SÁCH
LỬA
TƯỞNG TƯỢNG
DYSTOPIA
NỔ
CỰC
TUYỆT VỜI
TƯƠNG LAI
ẢO GIÁC

NHÁI
BÍ ẨN
ORACLE
HÀNH TINH
THỰC TẾ
KỊCH BẢN
THIÊN HÀ
CÔNG NGHỆ
UTOPIA
THẾ GIỚI

64 - Regenwoud

```
V  Q  R  U  K  R  Ừ  N  G  C  M  A  T  T
C  D  B  K  R  Ê  E  R  C  H  A  I  H  H
M  Ô  Ả  M  C  U  N  F  R  I  I  C  I  Ự
C  Ộ  N  G  Đ  Ồ  N  G  U  M  U  Y  Ê  C
V  A  Đ  T  S  Ự  S  Ố  N  G  C  Ò  N  V
B  Q  Ị  P  R  Q  V  U  A  I  E  Y  N  Ậ
G  O  A  T  D  Ù  U  G  H  O  Y  R  H  T
V  K  L  O  À  I  N  Ý  H  U  N  Q  I  V
P  H  Ụ  C  H  Ồ  I  G  C  U  Q  U  Ê  M
S  Ự  B  Ả  O  T  Ồ  N  Đ  A  D  Ạ  N  G
K  H  Í  H  Ậ  U  O  H  H  A  B  A  M  Q
Đ  Á  M  M  Â  Y  N  Q  U  Y  R  V  M  N
S  Ự  T  Ô  N  T  R  Ọ  N  G  U  H  N  M
U  P  Y  R  V  C  K  H  G  C  Q  A  Y  V
```

SỰ BẢO TỒN	THIÊN NHIÊN
THỰC VẬT	SỰ SỐNG CÒN
ĐA DẠNG	SỰ TÔN TRỌNG
CỘNG ĐỒNG	PHỤC HỒI
BẢN ĐỊA	LOÀI
CÔN TRÙNG	REFUGE
RỪNG	CHIM
KHÍ HẬU	QUÝ
RÊU	ĐÁM MÂY

65 - Haartypes

```
K  B  T  I  B  P  Q  T  U  T  H  M  D  Đ
H  Ễ  N  G  Ắ  N  N  M  C  Ó  R  Ề  Ị  E
Ỏ  N  V  L  Q  H  O  V  U  C  B  M  B  N
E  D  H  G  B  K  I  P  R  V  I  À  C  K
M  B  P  O  L  Q  B  H  L  À  A  U  O  B
Ạ  I  B  T  R  Ắ  N  G  S  N  P  N  D  D
N  Y  Ạ  V  P  K  M  C  H  G  N  Â  C  M
H  P  C  O  T  M  H  N  Q  R  U  U  C  O
D  À  I  D  G  À  K  Ô  K  M  À  U  M  Y
B  G  H  G  K  U  S  Á  N  G  B  Ó  N  G
H  H  C  Y  C  X  O  Ă  N  D  À  Y  K  A
P  U  Ó  K  T  Á  G  M  R  K  G  V  P  K
H  I  U  I  R  M  M  O  K  C  R  C  Y  L
H  Q  Y  M  Ỏ  N  G  D  M  V  T  P  B  N
```

TÓC VÀNG	MÀU XÁM
MÀU NÂU	HÓI
DÀY	NGẮN
KHÔ	CURLS
MỎNG	XOĂN
MÀU	DÀI
BỆN	TRẮNG
KHỎE MẠNH	MỀM
MỊN	BẠC
SÁNG BÓNG	ĐEN

66 - Gereedschap Voor het Kok

```
D  B  À  N  M  À  I  R  Q  T  G  B  A  G
A  A  H  N  U  N  N  M  G  O  C  Q  O  Q
O  D  O  I  B  V  H  I  U  A  Á  G  H  D
K  B  B  T  K  P  T  Y  N  S  I  O  K  V
É  O  Ế  G  H  A  C  L  L  T  T  Q  P  I
O  O  P  H  K  L  A  V  N  E  H  N  B  P
Q  R  H  B  O  Ọ  U  Y  B  R  Ì  B  O  C
T  T  I  K  Y  C  Á  I  N  Ĩ  A  K  I  P
M  R  T  D  V  M  U  C  H  A  O  L  L  V
B  C  Y  Ử  T  B  K  G  I  N  Ắ  P  K  G
H  U  Y  G  L  H  M  Ấ  Ễ  Q  Q  P  V  C
Q  V  H  P  Ò  Ạ  Ì  M  T  K  O  B  C  R
K  G  D  L  T  R  N  A  K  É  P  C  Q  I
N  U  L  Y  Y  G  P  H  Ế  O  Y  U  L  Q
```

DAO KÉO	LÒ
TOASTER	BÀN MÀI
NẮP	KÉO
BẾP	THÌA
ẤM	NHIỆT KẾ
TỦ LẠNH	CHAO
CÁI THÌA	CÁI NĨA
DAO	LỌC

67 - Stad

```
A  B  C  Ử  A  H  À  N  G  A  K  O  S  N
T  Ộ  H  I  Ễ  U  S  Á  C  H  H  G  I  O
V  S  T  D  P  V  R  Ạ  P  H  Á  T  Ê  T
L  Ư  H  G  A  L  O  K  B  B  C  R  U  I
Y  U  M  K  C  H  N  Y  O  P  H  Ư  T  Ễ
A  T  N  G  Â  N  H  À  N  G  S  Ờ  H  M
B  Ậ  H  A  S  Â  N  B  A  Y  Ạ  N  Ị  T
Ả  P  H  Ị  Ở  Y  U  C  N  R  N  G  Đ  H
O  Y  O  O  T  A  U  G  D  Y  B  H  Ạ  U
T  V  M  T  H  R  T  N  L  C  S  Ọ  I  Ố
À  I  Y  I  Ú  V  Ư  Y  T  O  A  C  H  C
N  T  K  C  Q  O  V  Ờ  B  I  L  Q  Ọ  V
G  N  G  Ư  Ờ  I  B  Á  N  H  O  A  C  C
T  H  Ư  V  I  Ễ  N  T  R  G  N  V  Y  M
```

TIỆM THUỐC
NGÂN HÀNG
THƯ VIỆN
NGƯỜI BÁN HOA
HIỆU SÁCH
SỞ THÚ
BỘ SƯU TẬP
KHÁCH SẠN
SÂN BAY

THỊ TRƯỜNG
BẢO TÀNG
SALON
TRƯỜNG HỌC
SIÊU THỊ
RẠP HÁT
ĐẠI HỌC
CỬA HÀNG

68 - Natuur

```
R  G  Y  A  M  G  Đ  Q  V  B  H  S  V  T
S  A  N  B  L  Q  Ộ  U  P  B  Ò  Ô  Ẻ  G
E  U  A  Ú  B  S  N  A  M  I  A  N  Đ  Q
R  Ừ  N  G  I  Ô  G  N  O  T  B  G  Ẹ  K
E  A  A  A  D  N  V  T  M  D  Ì  B  P  I
N  K  M  I  D  G  Ậ  R  S  G  N  Ă  K  K
E  P  P  T  H  C  T  Ọ  R  A  H  N  T  T
B  N  Ă  N  G  Đ  Ộ  N  G  O  M  G  I  H
X  Ắ  I  S  Ư  Ơ  N  G  M  Ù  K  Ạ  L  Á
Ó  M  C  D  M  K  Q  I  N  D  C  U  C  N
I  I  A  C  N  H  I  Ễ  T  Đ  Ớ  I  Y  H
M  D  O  G  Ự  O  N  G  Đ  Á  M  M  Â  Y
Ò  N  L  I  Y  C  H  O  A  N  G  D  Ã  Q
N  H  M  P  I  C  Y  D  D  R  B  R  M  G
```

BẮC CỰC	SƯƠNG MÙ
NÚI	SÔNG
ONG	HÒA BÌNH
RỪNG	VẺ ĐẸP
ĐỘNG VẬT	SERENE
NĂNG ĐỘNG	NHIỆT ĐỚI
XÓI MÒN	QUAN TRỌNG
LÁ	HOANG DÃ
SÔNG BĂNG	SA MẠC
THÁNH	ĐÁM MÂY

69 - Dinosaurussen

```
V O I M A M Ú T L Q R T N O
H Y P I M D B L Ớ D V B L M
L L U Ẩ N Q U Ẩ N U H Ò T N
P H M Q T Y B M I H Q S R I
K L G R Q H T I P H R Á Á V
L O K H H B Ờ A Ế G U T I O
I À U I V G T I L N B C Đ R
T I P P G Q K A T B M Q Ấ E
Q I R A P T O R M I G Ấ T Y
A V Ế D D N Q T K Q Ề T T G
T M Ạ N H M Ẽ Đ U Ô I N R I
D K Í C H T H Ư Ớ C H I S D
M U L B H Ó A T H Ạ C H G Ử
Q D I N B M A O D K C Á N H
```

TRÁI ĐẤT

TIẾN HÓA

HÓA THẠCH

LỚN

KÍCH THƯỚC

MẠNH MẼ

VOI MA MÚT

OMNIVORE

THỜI TIỀN SỬ

BÒ SÁT

RAPTOR

LOÀI

ĐUÔI

BIẾN MẤT

LUẨN QUẨN

CÁNH

70 - Zoogdieren

```
C O N M È O R L C L R L O K
H Á K H Ỉ U O D O C C Q H K
Ó Y V R Y H D Q R Q V I Y Q
H U R O C Á O L M L O U Q K
Ư P L P I K H Ỉ Đ Ộ T A Y C
Ơ Y B D U V U M L Ạ C Đ À T
U Y G D O N L B P L D N T H
C O Y O T E K H B S L O B Ỏ
A Á C N V G I O Ò H Ư H D O
O H H K D G A B Đ I G T A P
C Ả Ó E Ê M N G Ự A R N Ử K
Ổ I S Y O I C K C O N V O I
R L Ó P K A N G A R O O O A
T Y I I B C Y L A H N M N K
```

KHỈ	KANGAROO
HẢI LY	CON MÈO
COYOTE	THỎ
CÁ HEO	SƯ TỬ
DONKEY	CON VOI
DÊ	NGỰA
HƯƠU CAO CỔ	BÒ ĐỰC
KHỈ ĐỘT	CÁO
CHÓ	CÁ VOI
LẠC ĐÀ	CHÓ SÓI

71 - 1 Jaar Geleden

```
C  D  K  K  Q  U  Y  Ế  T  Đ  Ị  N  H  C
I  K  Q  K  U  T  Đ  A  M  M  Ê  O  T  K
Y  G  P  Y  K  O  Q  P  N  N  M  T  I
B  H  A  G  Ế  U  L  B  R  Q  O  P  C  Ê
H  U  R  Ộ  N  G  L  Ư  Ợ  N  G  A  K  N
K  Ữ  Ồ  A  R  Y  R  D  Ọ  N  D  Ẹ  P  N
H  Y  U  Ũ  T  H  Ô  N  G  M  I  N  H
I  I  P  Í  C  N  Ố  T  O  H  G  A  C  Ẫ
Ê  P  K  O  C  Ư  A  T  T  Ệ  N  T  R  N
M  M  K  I  G  H  Ờ  Y  C  T  A  D  T  O
T  Đ  Ộ  C  L  Ậ  P  I  T  H  Ự  C  T  Ế
Ố  H  Q  O  R  L  T  V  Q  U  T  Ò  M  Ò
N  Đ  Á  N  G  T  I  N  C  Ậ  Y  D  C  N
H  I  Ệ  U  Q  U  Ả  H  Y  T  V  R  C  A
```

NGHỆ THUẬT   BUỒN CƯỜI
HỮU ÍCH   RỘNG LƯỢNG
KHIÊM TỐN   THÔNG MINH
QUYẾT ĐỊNH   TÒ MÒ
ĐÁNG TIN CẬY   ĐỘC LẬP
QUYẾN RŨ   KIÊN NHẪN
HIỆU QUẢ   THỰC TẾ
ĐAM MÊ   DỌN DẸP
TỐT

72 - Voertuigen

```
X  M  N  T  P  I  Q  C  M  I  C  L  C  H
E  Á  Q  Ê  Q  R  I  O  A  Á  I  K  P  B
H  Y  T  N  C  H  L  A  C  R  Y  D  H  È
Ơ  B  N  L  Ố  P  V  D  L  Q  A  K  À  P
I  A  D  Ử  T  À  U  N  G  Ầ  M  V  É  L
R  Y  M  A  V  D  Đ  Ộ  N  G  C  Ơ  A  O
X  E  B  U  Ý  T  Q  T  T  H  U  Y  Ề  N
X  E  T  Ắ  C  X  I  M  D  P  X  R  L  U
X  E  T  Ả  I  D  O  L  B  X  E  Đ  Ạ  P
Q  U  B  V  I  K  D  D  K  P  T  O  C  R
X  E  L  Ử  A  L  V  L  R  G  A  M  U  O
X  E  Đ  I  Ễ  N  N  G  Ầ  M  Y  P  C  I
X  E  C  Ứ  U  T  H  Ư  Ơ  N  G  M  A  K
N  C  N  D  Q  O  Q  O  L  I  A  N  M  T
```

XE CỨU THƯƠNG	TÀU NGẦM
XE HƠI	TÊN LỬA
LỐP	XE TAY GA
VAN	XE TẮC XI
THUYỀN	MÁY KÉO
XE BUÝT	XE LỬA
CARAVAN	PHÀ
XE ĐẠP	MÁY BAY
XE ĐIỆN NGẦM	BÈ
ĐỘNG CƠ	XE TẢI

73 - Geografie

```
R  K  T  R  H  U  V  Ĩ  Đ  Ộ  P  N  B  P
Đ  Ạ  I  D  Ư  Ơ  N  G  Ả  B  P  C  Á  H
H  Ư  Ớ  N  G  T  Â  Y  O  V  Ắ  I  N  Í
Q  H  S  B  I  Ể  N  C  A  H  H  C  C  A
T  M  Ô  N  Ú  I  L  Đ  Ộ  C  A  O  Ầ  N
B  Ả  N  Đ  Ồ  C  T  Ụ  B  K  H  R  U  A
C  A  G  T  R  H  X  Í  C  H  Đ  Ạ  O  M
T  U  T  H  Ế  G  I  Ớ  I  Đ  A  I  U  Y
R  Y  O  À  O  Y  B  P  Y  Y  Ị  P  N  B
A  R  V  N  Q  U  Ố  C  G  I  A  A  Y  B
R  V  K  H  U  V  Ự  C  G  A  V  T  M  L
G  H  D  P  A  N  H  L  U  I  R  L  R  O
K  I  N  H  T  U  Y  Ế  N  Y  O  A  R  V
G  A  U  Ố  T  N  V  H  Q  R  G  S  P  R
```

ATLAS	KINH TUYẾN
NÚI	BẮC
VĨ ĐỘ	ĐẠI DƯƠNG
LỤC ĐỊA	KHU VỰC
ĐẢO	SÔNG
XÍCH ĐẠO	THÀNH PHỐ
BÁN CẦU	THẾ GIỚI
ĐỘ CAO	HƯỚNG TÂY
BẢN ĐỒ	BIỂN
QUỐC GIA	PHÍA NAM

74 - Kunstbenodigdheden

```
B  À  N  C  H  Ả  I  M  Á  Y  Ả  N  H  M
D  À  G  I  Ấ  Y  G  D  V  K  B  K  P  À
S  Á  N  G  T  Ạ  O  R  H  Y  C  H  A  U
A  A  Q  A  I  H  E  O  T  N  Ư  Ớ  C  N
V  U  H  K  C  P  A  B  T  B  H  L  Y  Ư
Q  G  D  S  Ơ  N  S  N  P  Ú  K  Y  O  Ớ
Y  M  G  H  Ế  I  E  Đ  Ấ  T  S  É  T  C
Y  K  Ự  T  U  A  L  M  L  C  L  U  C  C
I  D  G  C  N  C  M  À  T  H  B  B  T  N
P  D  D  R  M  R  H  U  T  Ì  M  D  H  Q
C  O  D  K  V  Y  N  S  Ẩ  K  T  R  K  P
P  A  S  T  E  L  S  Ắ  Y  E  V  C  I  P
U  Y  B  D  P  I  V  C  T  O  D  A  P  O
B  N  T  D  K  C  C  Y  D  Ầ  U  K  M  Q
```

ACRYLIC
MÀU NƯỚC
BÀN CHẢI
MÁY ẢNH
SÁNG TẠO
EASEL
TẨY
THAN
MỰC
ĐẤT SÉT

MÀU SẮC
KEO
DẦU
GIẤY
PASTELS
BÚT CHÌ
GHẾ
BÀN
SƠN
NƯỚC

75 - Barbecues

```
V  I  P  D  I  C  O  K  T  H  N  B  G  Q
B  Q  U  R  V  B  Y  P  Đ  T  I  P  À  N
T  V  D  B  B  K  D  T  Ó  Y  A  K  Y  G
R  S  N  Ữ  Ữ  O  M  R  I  I  Q  A  R  G
P  A  Ư  A  A  V  Â  Á  D  Ê  T  R  I  L
Y  L  Ớ  T  T  B  M  I  M  M  U  Ố  I  N
O  A  C  R  Ố  K  N  C  L  Ờ  I  M  Ờ  I
H  D  X  Ư  I  Q  H  Â  F  O  R  K  S  U
N  S  Ố  A  C  L  Ạ  Y  C  H  M  O  M  R
R  Ư  T  H  C  À  C  H  U  A  G  O  Ù  I
V  A  Ớ  À  I  H  T  D  T  K  Y  D  A  O
U  C  U  N  Ó  N  G  R  Q  G  M  A  H  P
G  I  C  H  G  I  A  Đ  Ì  N  H  A  È  D
R  T  D  T  C  U  M  P  A  N  U  O  Y  P
```

BỮA TỐI
GIA ĐÌNH
TRÁI CÂY
NƯỚNG
RAU
NÓNG
ĐÓI
GÀ
BỮA TRƯA
DAO

ÂM NHẠC
TIÊU
SALADS
NƯỚC XỐT
CÀ CHUA
HÀNH
LỜI MỜI
FORKS
MÙA HÈ
MUỐI

76 - Wetenschappelijke Discip

```
G  I  Ả  I  P  H  Ẫ  U  H  Ọ  C  I  T  K
K  X  Ã  H  Ộ  I  H  Ọ  C  Q  L  H  H  H
T  H  T  Â  M  L  Ý  G  N  R  R  R  Ằ  Í
H  Ó  Ả  M  I  Ễ  N  D  Ị  C  H  T  N  T
Ự  A  O  O  O  B  D  V  U  I  Q  A  K  Ư
C  H  H  K  C  S  I  N  H  H  Ọ  C  I  Ợ
V  Ọ  L  U  Q  Ổ  N  D  B  Q  U  T  N  N
Ậ  C  Đ  Ị  A  C  H  Ấ  T  H  Ọ  C  H  G
T  A  K  P  T  U  D  Ọ  C  I  D  V  L  H
H  L  T  U  U  K  Ư  A  C  Ơ  T  P  T  Ọ
Ọ  U  P  T  H  G  Ỡ  B  Q  P  K  V  Y  C
C  H  Ó  A  S  I  N  H  H  P  C  H  G  V
K  H  O  Á  N  G  G  G  V  P  G  Q  Í  U
G  P  Y  S  I  N  H  L  Ý  H  Ọ  C  A  C
```

GIẢI PHẪU HỌC	CƠ KHÍ
KHẢO CỔ HỌC	KHÍ TƯỢNG HỌC
HÓA SINH	KHOÁNG
SINH HỌC	THẦN KINH
HÓA HỌC	THỰC VẬT HỌC
SINH LÝ HỌC	TÂM LÝ
ĐỊA CHẤT HỌC	XÃ HỘI HỌC
MIỄN DỊCH	DINH DƯỠNG

77 - Bijvoeglijke Naamwoorden

```
R  B  L  C  B  M  Ă  N  Đ  A  I  M  Ớ  I
T  Ư  Ơ  I  Ì  B  Ễ  M  Ó  O  H  À  G  B
P  C  I  V  N  U  B  T  I  P  O  U  K  N
M  U  N  T  H  Ồ  N  T  B  R  B  M  T  N
M  Ạ  N  H  T  N  Y  Ự  D  I  Y  Ỡ  U  Y
Ô  B  L  Ú  H  N  K  H  Ỏ  E  M  Ạ  N  H
T  L  L  V  Ư  G  D  À  R  C  R  Q  T  P
Ả  H  H  Ị  Ờ  Ủ  H  O  A  N  G  D  Ã  T
R  Y  Ậ  G  N  Ă  N  G  K  H  I  Ế  U  Ự
K  G  B  T  G  S  Á  N  G  T  Ạ  O  D  N
Y  Ị  G  P  K  I  V  R  B  H  N  Y  O  H
I  G  C  Q  D  U  P  H  G  U  R  D  A  I
O  N  G  H  H  A  R  M  G  Ầ  Q  B  O  Ê
B  H  C  H  N  G  H  G  O  N  G  R  C  N
```

THẬT	MỚI
NĂNG KHIẾU	BÌNH THƯỜNG
MÔ TẢ	MÀU MỠ
SÁNG TẠO	BUỒN NGỦ
KỊCH	MẠNH
KHỎE MẠNH	TỰ HÀO
ĐÓI	TƯƠI
THÚ VỊ	HOANG DÃ
MỆT	MẶN
TỰ NHIÊN	THUẦN

78 - Kleding

```
G  D  É  P  B  Á  P  H  L  T  Ạ  P  D  Ề
G  Ă  Q  O  Y  O  A  B  L  H  V  Q  B  Q
M  I  N  T  Q  L  J  A  Y  Ờ  Ò  Y  K  Q
Q  G  À  G  N  E  A  V  N  I  N  Á  H  R
A  T  C  Y  T  N  M  Ũ  P  T  G  O  Ă  T
A  L  G  L  N  A  A  D  G  R  T  S  N  V
L  K  I  K  R  C  Y  T  A  A  A  Ơ  Q  Q
I  C  Q  N  N  C  Q  U  Ầ  N  Y  M  U  U
H  C  Á  O  K  H  O  Á  C  G  V  I  À  Ầ
K  Y  O  T  H  Ắ  T  L  Ư  N  G  Ớ  N  N
O  P  C  G  T  Q  V  Ă  P  K  T  H  G  J
D  V  Á  Y  L  Q  G  N  V  C  C  I  C  E
K  D  N  D  M  H  V  R  A  M  B  Q  Ổ  A
K  L  H  Q  N  G  V  Ò  N  G  C  Ổ  L  N
```

VÒNG TAY	PAJAMA
ÁO CÁNH	THẮT LƯNG
QUẦN	VÁY
GĂNG TAY	DÉP
MŨ	GIÀY
ÁO KHOÁC	TẠP DỀ
QUẦN JEAN	ÁO SƠ MI
ĂN	KHĂN QUÀNG CỔ
VÒNG CỔ	VỚ
THỜI TRANG	ÁO LEN

79 - Vliegtuigen

```
O T X A H N Đ P T N B O P U
C R Â I Ạ D Ộ U H A Q Ó I Y
Á G Y A X L N L I Ó V N N M
N P D B U V G Q Ế B N M N G
H H Ự Q Ố A C N T P O G G Q
Q I N C N V Ơ Y K Đ Ổ B Ộ H
U C G C G H Y O Ế D T O G Y
Ạ Ô N H I Ê N L I Ễ U L P D
T N M M Ư V Y P G U Y Ị D R
T G V N M Ớ C H I Ề U C A O
K M R K H Ô N G K H Í H V V
B Ằ U T R Ờ I G B D D S I L
P H I H À N H Đ O À N Ử L Y
R V L O U H À N H K H Á C H
```

HẠ XUỐNG
BÓNG
PHI HÀNH ĐOÀN
XÂY DỰNG
NHIÊN LIỆU
LỊCH SỬ
BẦU TRỜI
CHIỀU CAO
PHÓNG

ĐỔ BỘ
KHÔNG KHÍ
ĐỘNG CƠ
THIẾT KẾ
HÀNH KHÁCH
PHI CÔNG
CÁNH QUẠT
HƯỚNG
HYDRO

80 - Herbalisme

```
G R H K I U O L X H R G D N
H B H O I G R T Ạ B O V M N
X A N H Q G E H H V Y A Q H
C T D V B U G À Ư Q P H N Ú
L H A Ẩ I N A N Ơ K V Ư Ờ N
M Ư Ấ M K N N H N R G T B G
R Ơ L T Ỏ I O P G I Ấ M M Q
A N T H L N G H Ệ T Â Y Ù U
U G Y Ự U Ư C Ầ D H N R I Ế
T V G C T I Ợ N U Ơ K R T Y
H Ị T H Ì L À N A M U G Â N
Ì N L Á K I N H G I Ớ I Y B
L A R O S E M A R Y I L D U
À H O A O Ả I H Ư Ơ N G T H
```

THƠM	HOA OẢI HƯƠNG
HÚNG QUẾ	LÁ KINH GIỚI
HOA	OREGANO
ẨM THỰC	MÙI TÂY
RAU THÌ LÀ	ROSEMARY
GIẤM	NGHỆ TÂY
XANH	HƯƠNG VỊ
THÀNH PHẦN	XẠ HƯƠNG
TỎI	VƯỜN
CHẤT LƯỢNG	THÌ LÀ

81 - Meubels

```
N  O  P  L  K  U  O  G  N  G  M  R  T  D
V  P  U  H  Đ  Ễ  M  U  G  H  Ế  P  V  K
Q  Y  V  H  È  N  Y  U  G  I  P  O  Õ  G
M  U  D  M  N  R  G  T  N  G  Ư  Ơ  N  G
Y  H  Q  U  Ễ  L  U  G  O  R  U  Ờ  G  U
A  G  C  K  M  U  C  K  A  K  V  U  N  Q
M  T  T  B  O  B  À  N  U  H  C  K  M  G
C  P  R  Ă  Q  I  Q  M  Y  K  Q  A  N  L
H  Á  C  N  C  Q  O  O  N  H  Y  R  L  U
Ă  M  I  G  H  Ế  B  À  N  H  H  V  I  U
N  K  L  G  O  T  O  G  Y  P  M  H  U  Y
V  M  K  H  Ố  A  R  M  H  A  N  Q  K  A
G  V  Y  Ế  G  I  A  V  I  R  Y  M  H  C
R  È  M  C  Ử  A  T  H  Ả  M  D  O  V  H
```

BĂNG GHẾ	ĐỆM
GIƯỜNG	ĐÈN
BÀN	NỆM
CHĂN	KỆ
GHẾ BÀNH	GƯƠNG
RÈM CỬA	GHẾ
VÕNG	THẢM
CÁI GỐI	

82 - Piraten

```
C N M Đ P S D L D V Y N P K
O H G B Ả Ẹ D G I H H O H H
N U T M T O K O Y G D T I O
V À N G H C L Q P L Q H H B
Ẹ K X Ấ U C H G N N I Ủ À Á
T G C U Y V O R G C P Y N U
T R U Y Ề N T H U Y Ế T H Đ
V D R B N E B B Y M M R Đ Ạ
H Y V Ả T O Y Ã H Y B I O I
C Q K N R P K Q I Q M Ề À D
M C N Đ Ư I N N Ể B A U N Ư
V A C Ồ Ở U D I M D I O Ơ
L A B À N Q P Y L C P Ể D N
M U R M G Q G Y M Ờ H A N G
```

NEO	TRUYỀN THUYẾT
PHI HÀNH ĐOÀN	SẸO
ĐẢO	ĐẠI DƯƠNG
THỦY TRIỀU	CON VẸT
NGUY HIỂM	RUM
VÀNG	KHO BÁU
HANG	XẤU
BẢN ĐỒ	BÃI BIỂN
THUYỀN TRƯỞNG	CỜ
LA BÀN	

83 - Surfen

```
Đ  V  U  I  V  Ẻ  H  M  G  C  P  N  C  V
L  Á  Đ  Ạ  I  D  Ư  Ơ  N  G  V  G  H  N
L  Q  M  G  I  L  K  T  V  D  A  Ư  È  B
N  K  Q  Đ  I  S  N  D  P  Q  I  Ờ  O  I
P  D  G  N  Ô  Ó  R  Y  P  G  P  I  S  Q
B  L  P  H  O  N  G  C  Á  C  H  B  Ứ  Q
Ã  T  M  A  P  G  G  P  B  U  A  Ắ  C  U
I  T  R  Ả  L  Ạ  I  K  B  A  H  T  M  Á
B  Ố  O  A  R  U  R  D  Ụ  O  L  Đ  Ạ  N
I  C  P  H  Ổ  B  I  Ế  N  O  Ự  Ầ  N  Q
Ể  Đ  D  H  L  T  D  A  G  N  C  U  H  U
N  Ộ  Q  C  U  B  Ọ  T  G  V  S  Ự  C  Â
R  Y  A  O  O  N  T  N  V  M  Ĩ  O  C  N
T  H  Ờ  I  T  I  Ế  T  C  N  Q  V  A  L
```

LỰC SĨ

NGƯỜI BẮT ĐẦU

CỰC

SÓNG

QUÁN QUÂN

SỨC MẠNH

BỤNG

ĐÁM ĐÔNG

ĐẠI DƯƠNG

CHÈO

VUI VẺ

PHỔ BIẾN

TRẢ LẠI

BỌT

TỐC ĐỘ

PHUN

PHONG CÁCH

BÃI BIỂN

THỜI TIẾT

84 - Rijden

```
N  G  U  Y  H  I  Ể  M  P  Y  N  N  M  U
K  I  I  L  R  B  G  I  Ấ  Y  P  H  É  P
U  C  Q  A  N  T  O  À  N  X  E  M  Á  Y
B  G  I  C  O  V  D  B  X  E  H  Ơ  I  L
Đ  I  B  Ộ  M  T  P  I  Đ  T  Ố  C  Đ  Ộ
O  A  O  G  R  K  H  Í  Ư  Ả  H  P  D  N
G  A  R  A  I  M  Q  Ô  Ờ  I  I  H  L  H
C  Đ  G  T  M  Đ  Ư  Ờ  N  G  P  H  Ố  I
Ả  P  Ư  D  A  N  O  L  G  G  H  L  G  Ê
N  D  K  Ờ  B  I  B  I  H  I  A  Q  N  N
H  U  M  B  N  G  N  B  Ầ  I  N  G  C  L
S  M  A  D  P  G  V  Ạ  M  B  H  D  I  I
Á  V  Đ  Ộ  N  G  C  Ơ  N  R  I  P  Y  Ễ
T  N  D  A  B  Ả  N  Đ  Ồ  I  U  C  D  U
```

XE HƠI	CẢNH SÁT
NHIÊN LIỆU	PHANH
GA-RA	TỐC ĐỘ
KHÍ	ĐƯỜNG PHỐ
NGUY HIỂM	ĐƯỜNG HẦM
BẢN ĐỒ	AN TOÀN
GIẤY PHÉP	GIAO THÔNG
ĐỘNG CƠ	ĐI BỘ
XE MÁY	XE TẢI
TAI NẠN	ĐƯỜNG

85 - Wetenschap

```
G  C  N  G  G  A  M  D  C  P  Y  B  V  T
H  I  Q  H  K  Q  G  I  Ữ  K  C  U  D  H
Ó  N  Ả  Q  T  R  Ọ  N  G  L  Ự  C  P  Í
A  V  Ậ  T  L  Ý  G  R  K  R  I  P  N  N
T  C  D  H  H  Ó  A  C  H  Ấ  T  Ẽ  G  G
H  Â  Y  Ự  Q  U  A  N  S  Á  T  U  U  H
Ạ  Y  O  C  Q  P  Y  V  B  R  I  B  Y  I
C  R  A  T  Q  K  Y  Ế  O  N  Ế  A  Ê  Ẽ
H  K  Y  Ế  Q  Y  H  I  T  P  N  B  N  M
K  H  O  Á  N  G  S  Ả  N  Q  H  Ạ  T  T
N  Í  M  Q  I  P  Y  Q  T  A  Ó  O  Ử  P
P  H  Â  N  T  Ử  O  L  M  K  A  H  D  Y
D  Ậ  T  H  I  Ê  N  N  H  I  Ê  N  D  L
O  U  N  H  À  K  H  O  A  H  Ọ  C  D  H
```

NGUYÊN TỬ   KHÍ HẬU
HÓA CHẤT   KHOÁNG SẢN
HẠT   PHÂN TỬ
TIẾN HÓA   THIÊN NHIÊN
THÍ NGHIỆM   VẬT LÝ
THỰC TẾ   QUAN SÁT
HÓA THẠCH   CÂY
DỮ LIỆU   NHÀ KHOA HỌC
GIẢ THUYẾT   TRỌNG LỰC

86 - Badkamer

```
H  Q  N  H  L  U  A  N  B  Ồ  N  T  Ắ  M
B  Ọ  T  B  I  Ể  N  Ư  M  I  H  X  B  V
C  C  A  G  H  R  N  Ớ  A  D  À  À  O  K
H  P  B  P  U  G  U  C  I  O  V  P  N  U
R  H  H  Y  N  H  L  O  O  R  Ễ  H  G  R
L  A  P  V  Ư  D  R  N  D  A  S  Ò  B  C
G  O  A  L  Ớ  H  A  G  V  Ò  I  N  Ó  T
C  C  T  K  C  R  Q  G  Ư  Ơ  N  G  N  M
G  V  Ò  I  H  O  A  S  E  N  H  P  G  N
G  G  P  G  O  D  Ầ  U  G  Ộ  I  M  M  T
R  K  É  O  A  N  M  L  T  C  T  H  Ả  M
Y  H  Ơ  I  N  Ư  Ớ  C  I  M  K  D  T  P
D  Ă  D  Q  G  B  P  R  D  V  H  R  I  L
D  N  V  T  Q  P  U  Y  Y  L  G  L  T  O
```

BỒN TẮM	DẦU GỘI
BONG BÓNG	GƯƠNG
VÒI HOA SEN	BỌT BIỂN
KHĂN	HƠI NƯỚC
VÒI	THẢM
LOTION	NƯỚC
NƯỚC HOA	NHÀ VỆ SINH
KÉO	XÀ PHÒNG

87 - Herfst

```
H  U  B  G  N  T  V  Y  H  P  Q  K  B  T
L  O  C  U  Y  V  H  G  U  A  A  B  C  I
I  C  Q  D  K  I  U  Á  Q  N  H  I  Y  C
T  U  B  A  R  Q  Q  C  N  C  L  U  C  D
K  K  K  O  D  N  B  Q  Q  G  Ễ  T  B  T
T  H  V  H  O  K  H  T  T  K  H  H  H  H
T  Í  P  L  L  I  B  A  H  R  Ộ  I  D  Ờ
M  H  T  M  D  N  D  B  H  H  I  Ê  Q  I
H  Ậ  Ẻ  Ù  I  K  N  Q  M  K  Y  N  Q  T
Ạ  U  U  A  C  H  Á  Y  H  Y  B  N  U  I
T  B  Y  S  Ư  Ơ  N  G  G  I  Á  H  Ầ  Ế
D  Á  Q  P  T  A  A  C  O  R  N  I  N  T
Ẻ  U  O  P  H  Â  N  I  O  A  O  Ê  Á  M
Y  N  C  G  L  U  Q  A  M  O  I  N  O  O
```

TÁO   KHÍ HẬU
THẺ   THÁNG
CHÁY   DI CƯ
ACORN   THIÊN NHIÊN
PHÂN   MÙA
LỄ HỘI   SƯƠNG GIÁ
HẠT DẺ   THỜI TIẾT
QUẦN ÁO

88 - Speelgoed

```
R  O  B  P  M  V  B  X  Đ  Y  S  M  L  C
O  G  C  Ú  P  Q  B  E  Ấ  Q  C  Á  N  A
B  Ó  N  G  P  Y  O  H  T  I  H  A  C  G
O  Y  U  P  B  B  Y  Ơ  S  Ơ  N  H  V  H
T  D  G  P  V  D  Ê  I  É  D  U  H  Y  C
O  D  X  U  B  A  B  R  T  R  Ố  N  G  T
P  D  E  Y  Ê  U  T  H  Í  C  H  T  G  K
O  H  Đ  H  O  L  T  T  R  Ò  C  H  Ơ  I
H  L  Ạ  X  E  T  Ả  I  H  D  M  G  L  K
L  O  P  X  E  L  Ử  A  T  U  Á  D  N  U
Đ  Ồ  T  H  Ủ  C  Ô  N  G  V  Y  I  A  H
C  Â  U  Đ  Ố  C  Ờ  V  U  A  B  Ề  D  R
C  C  U  T  P  K  V  H  G  K  A  U  N  U
B  A  U  D  B  Y  P  P  L  C  Y  U  P  N
```

ĐỒ THỦ CÔNG   BÚP BÊ
XE HƠI   CÂU ĐỐ
BÓNG   ROBOT
SÁCH   CỜ VUA
THUYỀN   XE LỬA
TRỐNG   SƠN
YÊU THÍCH   DIỀU
XE ĐẠP   MÁY BAY
TRÒ CHƠI   XE TẢI
ĐẤT SÉT

89 - Muziekinstrumenten

```
U  B  K  V  G  G  N  K  P  N  Y  P  S  M
U  C  H  U  Ô  N  G  È  G  C  N  B  A  A
T  Q  L  D  C  D  À  N  N  H  Ạ  C  X  R
K  K  P  D  L  P  N  I  S  I  C  V  O  I
K  Q  U  Y  A  C  I  H  Á  Ê  D  M  P  M
P  L  P  T  R  Ố  N  G  O  N  N  A  H  B
C  M  T  G  I  B  Q  Õ  K  G  T  N  O  A
V  E  Đ  À  N  G  H  I  T  A  M  D  N  B
C  C  L  G  E  L  Ụ  C  L  Ạ  C  O  E  Q
K  L  Q  L  T  Đ  À  N  H  Ạ  C  L  L  I
H  A  R  M  O  N  I  C  A  A  Q  I  U  R
D  Ư  Ơ  N  G  C  Ầ  M  G  R  Y  N  G  A
T  Q  C  C  A  B  A  S  S  U  N  R  L  H
T  R  O  M  B  O  N  E  Y  L  C  L  C  D
```

BASS
CELLO
DÀN NHẠC
SÁO
ĐÀN GHI TA
CHIÊNG
ĐÀN HẠC
CLARINET
CHUÔNG
MANDOLIN

MARIMBA
HARMONICA
GÕ
DƯƠNG CẦM
SAXOPHONE
LỤC LẠC
TROMBONE
TRỐNG
KÈN

90 - Activiteiten en Vrije Ti

```
R  U  N  B  T  H  Ư  G  I  Ã  N  A  C  B
D  T  D  G  Ó  Q  U  Ầ  N  V  Ợ  T  Ắ  Ó
U  B  U  O  H  N  R  Q  O  L  U  U  M  N
N  L  L  L  N  Ễ  G  L  Y  L  Ư  Ớ  T  G
Q  Y  Ị  F  G  D  T  Đ  V  D  V  V  R  R
U  Q  C  Â  U  C  Á  H  Á  H  Q  L  Ạ  Ổ
Y  T  H  C  I  P  B  G  U  U  M  L  I  U
Ề  B  Ứ  C  T  R  A  N  H  Ậ  K  Y  N  T
N  Ơ  T  L  À  M  V  Ư  Ờ  N  T  H  M  R
A  I  T  C  Ặ  B  Ó  N  G  C  H  À  Y  N
N  L  H  B  Ó  N  G  C  H  U  Y  Ề  N  V
H  Ộ  V  Y  Y  D  A  G  T  T  K  B  B  A
A  I  N  L  A  Q  T  P  Q  R  R  C  V  K
V  V  C  V  Y  S  Ở  T  H  Í  C  H  B  K
```

BÓNG RỔ	THƯ GIÃN
QUYỀN ANH	DU LỊCH
LẶN	BỨC TRANH
GOLF	LƯỚT
CÂU CÁ	QUẦN VỢT
SỞ THÍCH	LÀM VƯỜN
BÓNG CHÀY	BÓNG ĐÁ
CẮM TRẠI	BÓNG CHUYỀN
NGHỆ THUẬT	BƠI LỘI

91 - Water

```
M  D  V  R  H  U  K  M  Ư  A  S  B  R  N
Q  N  O  A  I  D  T  T  Y  U  Ô  C  V  Y
V  D  H  Y  T  C  N  U  K  Ê  N  H  I  M
G  Ò  O  H  I  Y  Ư  P  Y  A  G  P  L  C
I  D  I  T  K  G  Ớ  U  B  Ế  U  R  H  H
Ó  S  H  H  Q  O  C  Y  Ố  T  T  U  D  C
M  Ó  Ơ  Ủ  O  B  Đ  Y  L  N  Đ  Ộ  Ẩ  M
Ù  N  I  Y  I  A  Á  H  U  L  G  I  P  C
A  G  N  L  H  Y  S  R  C  Ũ  E  N  K  C
G  Q  Ự  Ợ  V  H  O  E  A  L  Y  N  H  O
P  M  Ớ  I  M  Ơ  H  Y  N  Ụ  S  T  N  K
N  K  C  G  N  I  H  N  R  T  E  A  O  A
C  Ơ  N  B  Ã  O  P  H  N  N  R  M  G  G
K  B  D  O  M  O  D  Ồ  U  G  P  D  O  L
```

VÒI HOA SEN	CƠN BÃO
UỐNG	LŨ LỤT
GEYSER	MƯA
SÓNG	SÔNG
NƯỚC ĐÁ	TUYẾT
THỦY LỢI	HƠI NƯỚC
KÊNH	BAY HƠI
HỒ	ĐỘ ẨM
GIÓ MÙA	

92 - Schaken

```
L  Đ  Đ  Ố  I  T  H  Ủ  O  L  P  R  V  U
C  I  Q  I  T  Y  N  H  O  M  G  R  N  Q
U  Ể  U  Q  G  I  Ả  I  Đ  Ấ  U  A  R  T
Ộ  M  Á  C  U  Đ  Ư  Ờ  N  G  C  H  É  O
C  V  N  L  H  Y  T  H  Ờ  I  G  I  A  N
T  U  Q  Ữ  D  I  T  R  Ắ  N  G  Đ  T  G
H  A  U  C  H  A  Ế  Ắ  R  K  U  E  H  Ư
I  H  Â  R  L  O  U  N  C  M  P  N  Ụ  Ờ
I  L  N  Y  I  D  À  Q  L  K  G  C  Đ  I
H  Y  S  I  N  H  H  N  P  Ư  K  I  Ộ  C
A  P  C  V  B  M  Q  P  G  Q  Ợ  M  N  H
T  H  Ô  N  G  M  I  N  H  R  O  C  G  Ơ
Q  O  H  R  B  G  L  T  R  Ò  C  H  Ơ  I
L  G  P  V  I  D  G  A  Y  P  M  B  R  C
```

ĐƯỜNG CHÉO
QUÁN QUÂN
VUA
NỮ HOÀNG
HY SINH
THỤ ĐỘNG
ĐIỂM
QUY TẮC
THÔNG MINH

TRÒ CHƠI
NGƯỜI CHƠI
CHIẾN LƯỢC
ĐỐI THỦ
THỜI GIAN
GIẢI ĐẤU
CUỘC THI
TRẮNG
ĐEN

93 - Boerderij #1

```
K  I  D  Q  C  O  N  M  È  O  C  Đ  O  N
P  V  K  C  Ở  D  P  B  R  Q  N  À  A  O
N  H  B  B  K  C  O  N  O  N  G  N  H  C
Y  Ạ  Â  O  H  À  N  G  R  À  O  G  N  K
L  T  V  N  Ô  D  O  N  K  E  Y  Ự  Ô  B
C  G  C  Ư  B  Ê  O  N  L  T  V  A  N  M
N  I  I  Ớ  L  Ó  C  O  N  Q  U  Ạ  G  R
A  Ố  M  C  Y  Q  N  H  N  C  B  A  N  N
P  N  I  Ậ  L  D  C  I  Ó  I  Ò  K  G  N
A  G  P  D  T  R  Ư  Ờ  N  G  I  V  H  Y
G  Q  B  B  H  O  G  M  A  L  V  U  I  C
B  Ắ  P  C  H  Â  N  Y  O  C  D  D  Ễ  B
I  D  G  L  G  Ạ  O  G  U  A  B  G  P  L
I  U  C  L  À  N  A  P  B  H  I  V  D  Y
```

CON ONG	BÒ
DONKEY	CON QUẠ
DÊ	ĐÀN
HÀNG RÀO	NÔNG NGHIỆP
CHÓ	PHÂN BÓN
MẬT ONG	NGỰA
CỎ KHÔ	GẠO
BẮP CHÂN	TRƯỜNG
CON MÈO	NƯỚC
GÀ	HẠT GIỐNG

94 - Huis

```
T Ầ N G H Ầ M V B H G A R A
P Q B T N V D Ư T Y K R M I
H H Y Ư R T T Ờ V T N O R R
Ò H Ò Ờ D U G N C G Y D M T
N Q Ố N G K H Ó I Ư L B O R
G Y N G A A U A Ơ H G K L
L T Q C K N T R Ầ N V G P H
C C H Ổ I V G Y Y G L R K L
G Ử À Ư N N C Ử R T H Ả M Ò
A A N G V N H À B Ế P C Á S
D N G V Ò I H O A S E N I Ư
I C R Đ R U Ễ U M A C P N Ở
V C À L È G D N Y O V R H I
K K O Đ Ồ N Ộ I T H Ấ T À H
```

CHỔI
THƯ VIỆN
MÁI NHÀ
CỬA
VÒI HOA SEN
GA-RA
LÒ SƯỞI
HÀNG RÀO
PHÒNG
TẦNG HẦM

NHÀ BẾP
ĐÈN
ĐỒ NỘI THẤT
TƯỜNG
TRẦN
ỐNG KHÓI
PHÒNG NGỦ
GƯƠNG
THẢM
VƯỜN

95 - Kleuren

```
A  Đ  Ỏ  C  H  I  K  C  I  Y  G  M  K  T
A  Z  U  R  E  Ồ  I  M  O  H  C  À  D  M
L  H  R  L  O  M  N  M  X  Á  M  U  R  À
P  Q  Y  V  N  H  Â  G  O  P  U  N  K  U
H  B  B  R  P  O  U  L  V  T  O  Â  V  X
G  Q  L  C  I  H  Đ  E  N  P  R  U  X  A
Y  K  Q  Y  I  Q  Ỏ  H  V  C  K  Ắ  A  N
M  A  G  E  N  T  A  C  H  K  F  O  N  H
M  À  U  V  À  N  G  V  A  V  U  Q  H  G
À  À  U  O  G  T  C  C  A  M  C  Q  I  C
U  B  U  N  Y  M  L  H  T  N  H  N  N  R
B  U  U  T  V  D  B  À  D  V  S  V  M  V
E  U  U  L  Í  T  H  M  C  Y  I  Q  V  D
N  H  K  N  G  M  A  B  Q  A  A  N  P  M
```

AZURE	MAGENTA
MÀU BE	CAM
MÀU XANH	MÀU TÍM
MÀU NÂU	ĐỎ
FUCHSIA	HỒNG
MÀU VÀNG	NÂU ĐỎ
XÁM	TRẮNG
XANH	ĐEN
CHÀM	

96 - Verjaardag

```
Q  A  Q  T  D  V  Y  T  G  D  T  T  Q  Y
Q  L  D  P  M  H  O  T  K  Y  N  D  P  O
K  B  Á  N  H  Q  Q  P  N  K  D  V  T  V
D  R  Ạ  K  R  L  U  D  R  L  R  M  Q  B
V  U  L  N  G  À  Y  N  Ă  M  L  L  L  Y
P  M  Ờ  Ế  B  H  Q  H  B  P  Ị  Ễ  V  C
D  G  I  N  Q  È  I  T  M  K  C  Ă  T  O
Y  K  M  B  À  I  H  Á  T  B  H  N  K  Y
N  D  Ờ  Q  U  À  T  Ặ  N  G  T  M  I  D
U  G  I  T  H  Ờ  I  G  I  A  N  Ừ  H  R
M  S  Ự  K  H  Ô  N  N  G  O  A  N  Á  K
U  V  U  I  V  Ẻ  T  Y  C  O  L  G  T  D
T  U  Y  Ệ  T  L  V  R  D  M  A  K  I  N
Đ  Ặ  C  B  I  Ệ  T  G  Ẻ  Q  I  U  K  V
```

BÁNH
NGÀY
VUI VẺ
QUÀ TẶNG
TUYỆT
NĂM
TRẺ
NẾN
THẺ

LỊCH
BÀI HÁT
ĐẶC BIỆT
THỜI GIAN
LỜI MỜI
LỄ ĂN MỪNG
BẠN BÈ
SỰ KHÔN NGOAN
HÁT

97 - Getallen

```
R  K  T  B  K  T  G  K  A  L  T  I  H  Q
U  R  K  N  Q  O  U  H  H  H  A  N  A  U
D  C  Y  P  I  C  L  M  Ộ  T  Q  N  I  A
I  G  U  L  C  R  M  Ư  Ờ  I  L  Ă  M  H
R  M  Y  Y  S  M  Ư  Ờ  I  T  Á  M  Ư  T
M  Ư  Ờ  I  B  Ố  N  I  L  I  P  O  Ơ  O
M  M  U  M  A  H  K  C  M  I  M  U  I  Q
Ư  Ư  M  Ư  Ư  Q  U  H  A  I  Y  B  Ả  Y
Ờ  G  Ờ  Ờ  P  Ờ  A  Í  Ô  Q  B  Y  G  L
I  M  D  I  T  Q  I  N  L  N  C  H  Í  N
B  B  Y  T  S  Á  U  H  G  R  G  T  A  O
Ả  A  B  Á  M  Á  Y  O  A  Y  K  Q  P  Q
Y  B  Ố  M  Y  I  U  I  I  I  T  H  O  N
Q  U  N  V  I  D  U  M  Ư  Ờ  I  B  A  R
```

TÁM	HAI
MƯỜI TÁM	HAI MƯƠI
MƯỜI BA	MƯỜI BỐN
BA	BỐN
MỘT	NĂM
CHÍN	MƯỜI LĂM
MƯỜI CHÍN	SÁU
SỐ KHÔNG	MƯỜI SÁU
MƯỜI	BẢY
MƯỜI HAI	MƯỜI BẢY

98 - Boerderij #2

```
Y  L  C  T  T  Ổ  O  N  G  T  M  N  Q  Đ
T  Ú  Ừ  H  Y  M  Y  K  R  A  V  Ị  T  Ồ
R  A  U  Ứ  N  T  Á  L  Y  U  V  Ự  Y  N
Á  M  G  C  R  H  I  Y  B  H  I  B  A  G
I  Ạ  V  Ă  H  Ủ  B  A  K  Y  R  K  D  C
C  C  N  N  K  Y  G  M  A  É  G  N  O  Ở
Â  H  S  Ữ  A  L  Ú  A  M  Ì  O  O  L  M
Y  A  T  I  T  Ợ  T  T  N  G  Ỗ  N  G  O
H  P  Y  C  Ố  I  X  A  Y  G  I  Ó  L  D
Đ  Ộ  N  G  V  Ậ  T  B  I  R  Ô  T  B  T
G  T  H  T  P  O  Q  T  L  N  C  H  Í  N
D  L  O  C  R  O  L  V  U  N  Y  Ẻ  V  B
A  R  L  P  N  Ô  N  G  D  Â  N  K  D  U
P  R  K  O  A  Q  L  G  Q  O  I  H  I  Y
```

TỔ ONG	NGÔ
NÔNG DÂN	SỮA
THẺ	CHÍN
ĐỘNG VẬT	CỪU
VỊT	VỰA
TRÁI CÂY	LÚA MÌ
NGỖNG	MÁY KÉO
LÚA MẠCH	THỨC ĂN
RAU	ĐỒNG CỎ
THỦY LỢI	CỐI XAY GIÓ

99 - Voeding

```
S  N  R  L  H  Ư  Ơ  N  G  V  Ị  C  P  K
Ứ  Ư  A  U  Q  G  H  V  G  T  C  A  R  H
C  Ớ  C  Â  N  B  Ằ  N  G  O  Â  R  O  Ỏ
K  C  Ă  N  K  I  Ê  N  G  C  N  B  T  E
H  X  V  I  T  A  M  I  N  H  N  O  E  M
Ỏ  Ố  B  N  I  T  L  I  Y  Ấ  Ặ  H  I  Ạ
E  T  I  Ê  U  H  Ó  A  D  T  N  Y  N  N
M  B  T  G  Ă  U  P  A  L  L  G  D  Y  H
M  O  V  L  Ê  N  M  E  N  Ư  T  R  C  H
D  D  K  N  M  V  Đ  U  I  Ợ  C  A  H  M
H  M  C  C  D  D  Ắ  Ư  L  N  A  T  I  R
C  H  Ấ  T  L  Ỏ  N  G  Ợ  G  T  E  M  P
G  I  A  V  Ị  D  G  Q  Y  C  A  L  O  H
Đ  Ộ  C  T  Ố  P  Q  H  Q  I  N  L  M  T
```

ĐẮNG	SỨC KHỎE
CALO	CARBOHYDRATE
ĂN KIÊNG	CHẤT LƯỢNG
ĂN ĐƯỢC	NƯỚC XỐT
NGON	HƯƠNG VỊ
PROTEIN	GIA VỊ
CÂN BẰNG	TIÊU HÓA
LÊN MEN	ĐỘC TỐ
CÂN NẶNG	VITAMIN
KHỎE MẠNH	CHẤT LỎNG

1 - Metingen

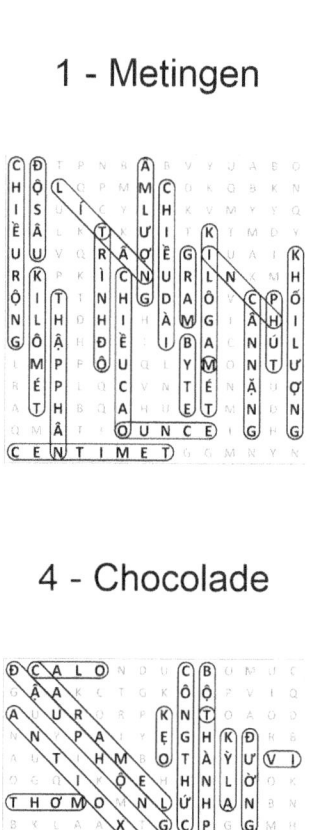

2 - Keuken

3 - Boten

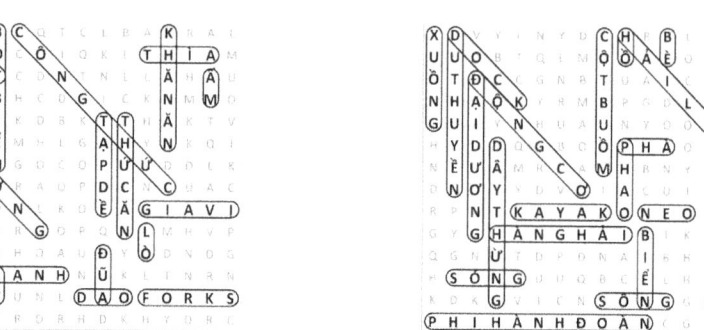

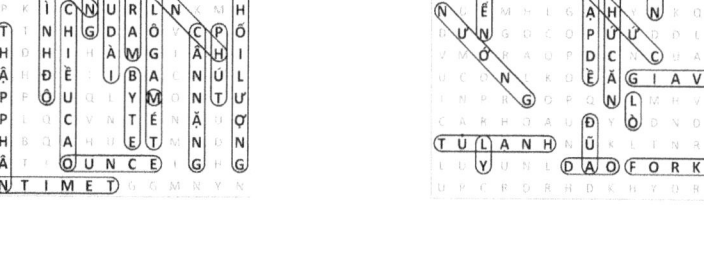

4 - Chocolade

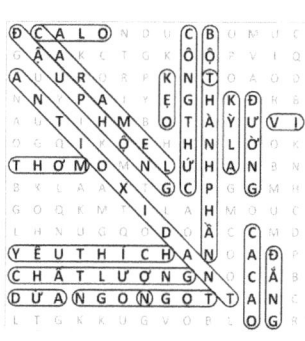

5 - Tijd

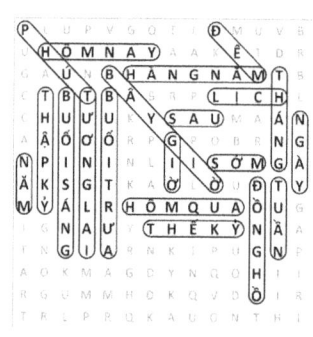

6 - Meditatie

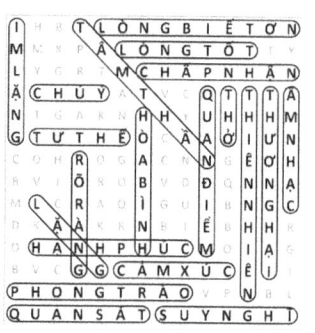

7 - Zomer

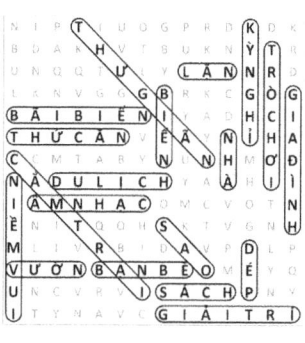

8 - Vogels

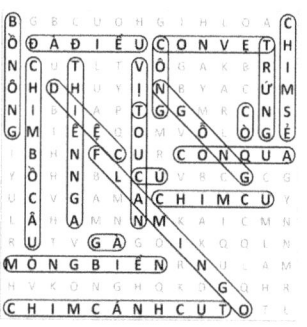

9 - Behoud

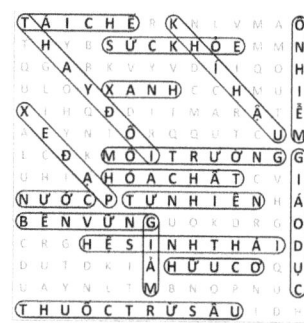

10 - Wiskunde

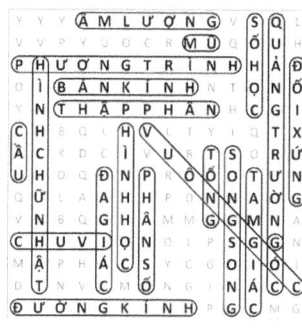

11 - Camping

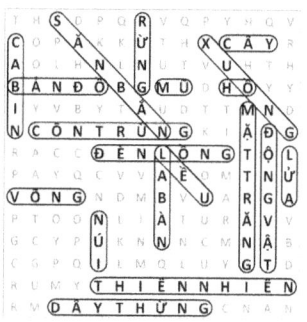

12 - Activiteiten

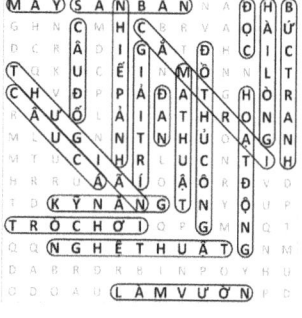

13 - Vormen

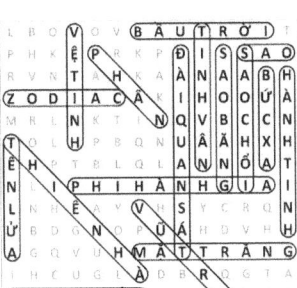

14 - Astronomie

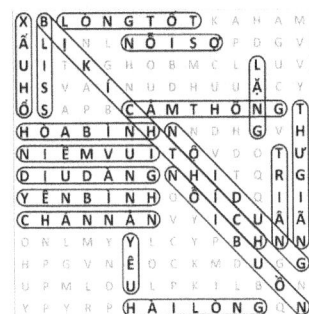

15 - Emoties

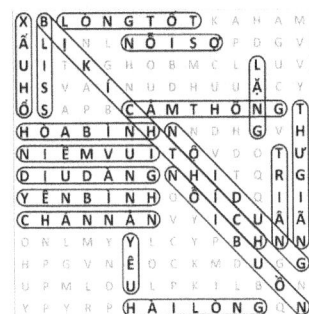

16 - Vakantie #2

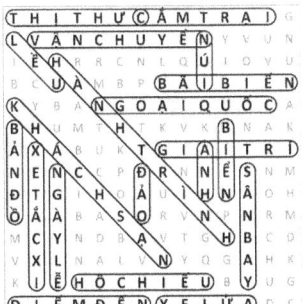

17 - Weersomstandigh

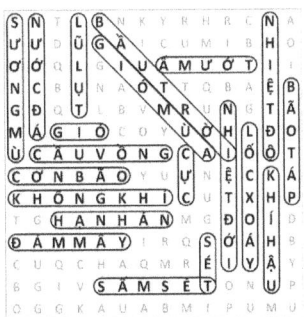

18 - Strand

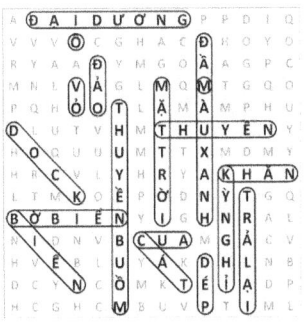

19 - Eten #2

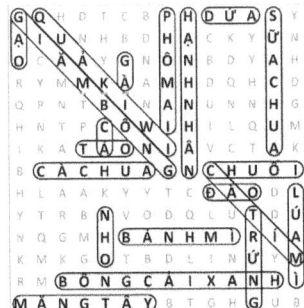

20 - Klimmen

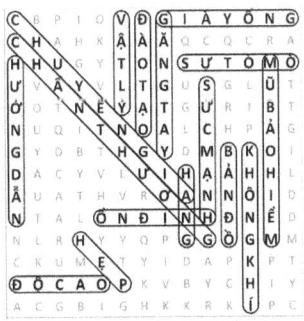

21 - Restaurant #1

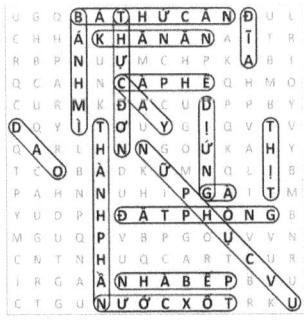

22 - Geologie

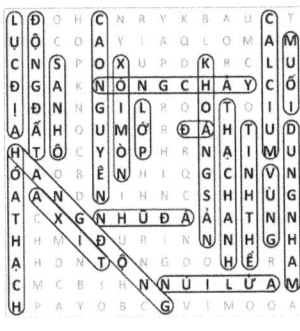

23 - Specerijen

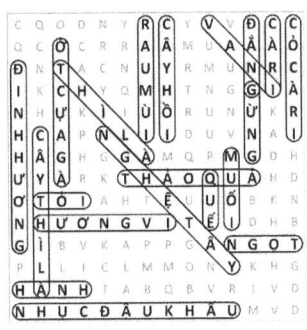

24 - Groenten

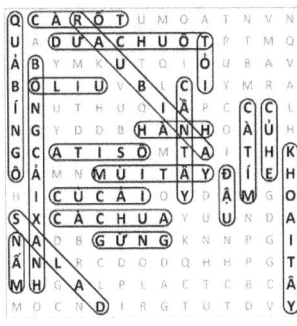

25 - Dans

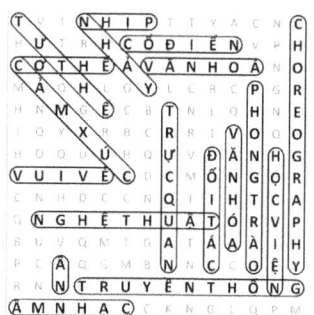

26 - Sport

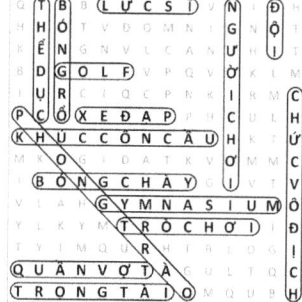

27 - Mythologie

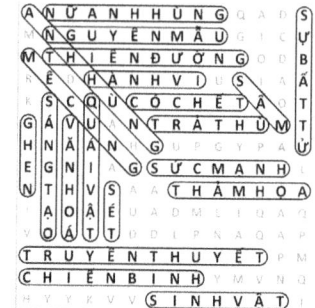

28 - Eten #1

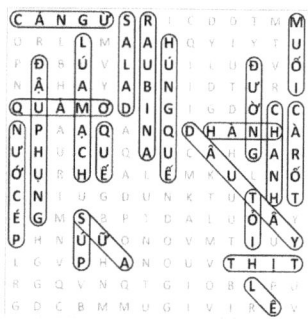

29 - Avontuur

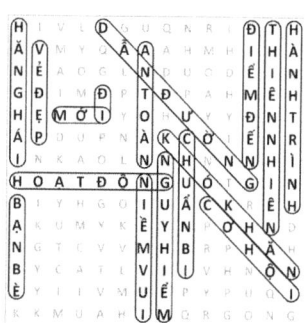

30 - Circus

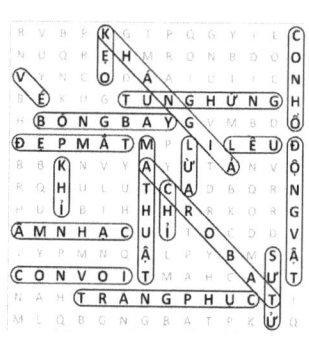

31 - Restaurant #2

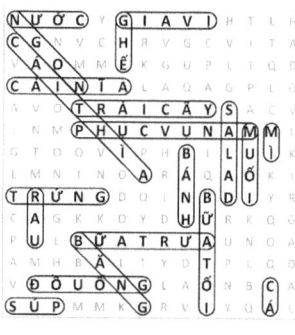

32 - Bijen

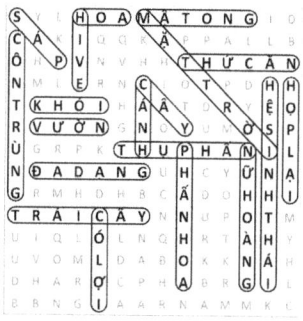

33 - Vriendelijkheid

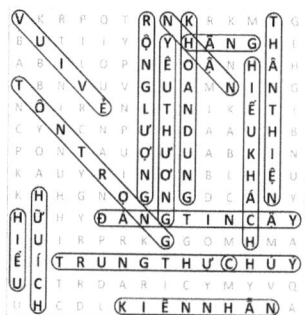

34 - School #1

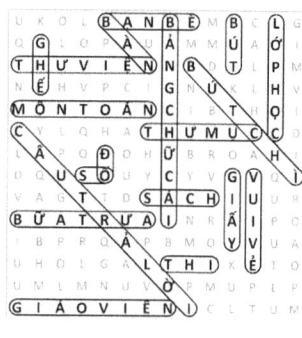

35 - Wandelen

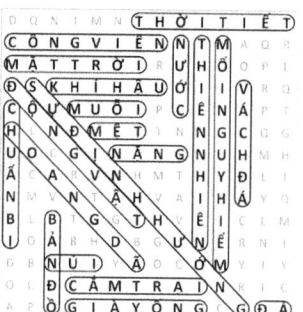

36 - Ecologie

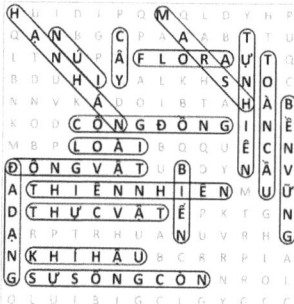

37 - Installaties

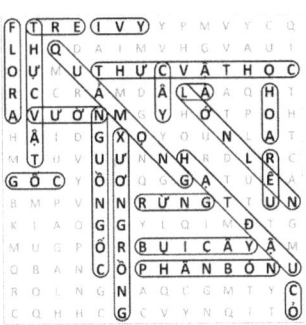

38 - School #2

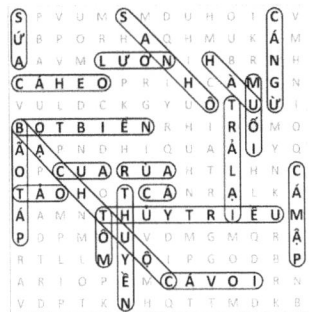

39 - Oceaan

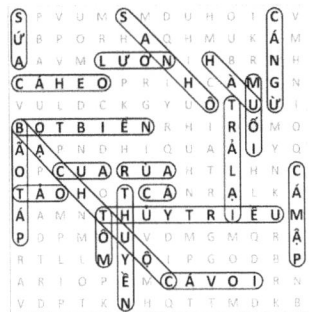

40 - Landen #2

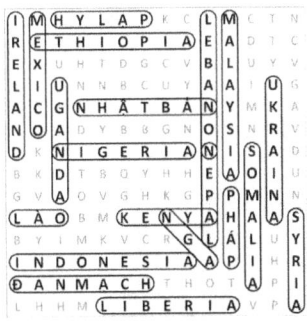

41 - Bloemen

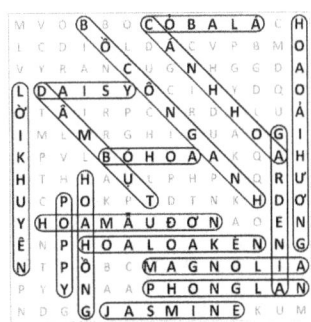

42 - Huisdieren

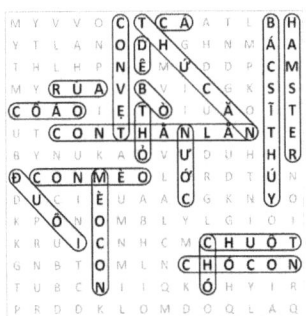

43 - Landschappen

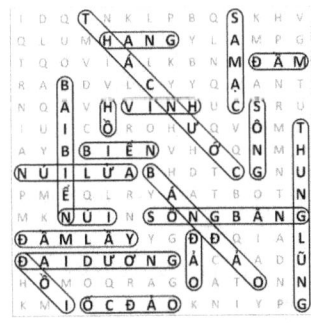

44 - Tuin

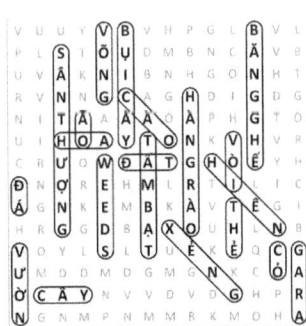

45 - Katten

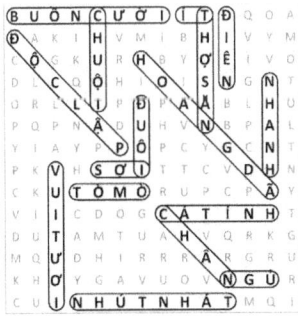

46 - Beroepen #2

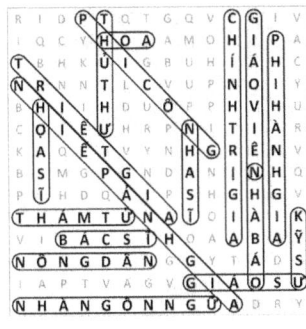

47 - Dagen en Maanden

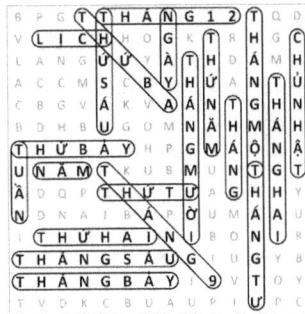

48 - Beeldende Kunsten

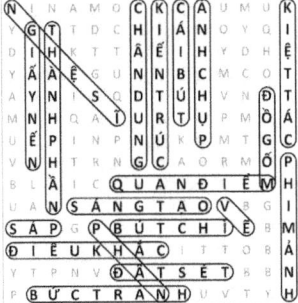

49 - Menselijk Lichaam

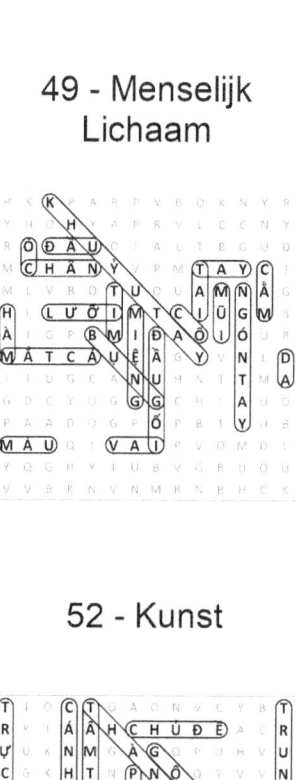

50 - Familie

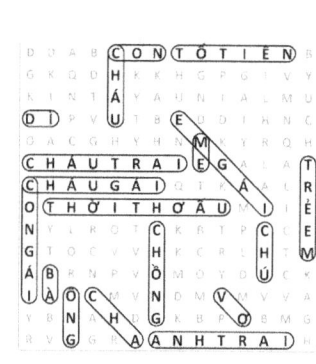

51 - Gebouwen

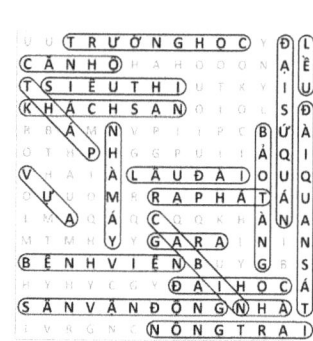

52 - Kunst

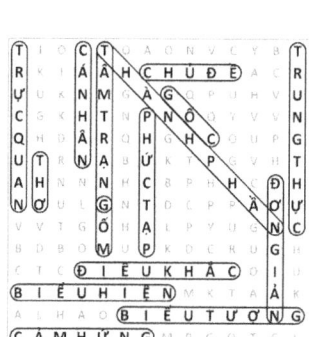

53 - Beroepen #1

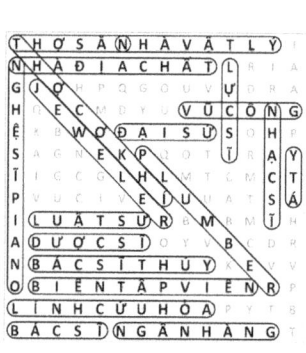

54 - Kastelen

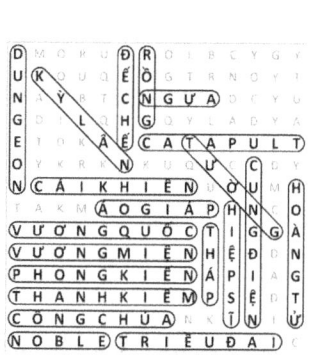
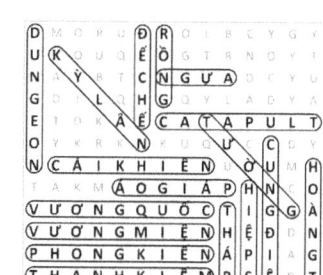

55 - Insecten

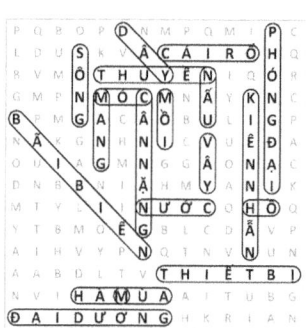

56 - Antarctica

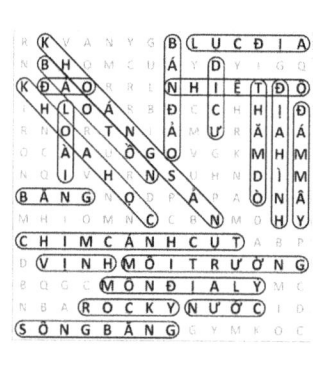

57 - Ballet

58 - Vissen

59 - Fruit

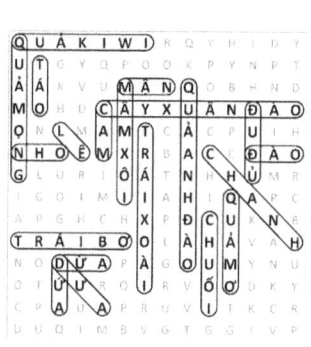

60 - Literatuur

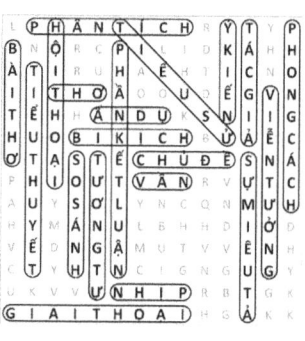

61 - Technologie

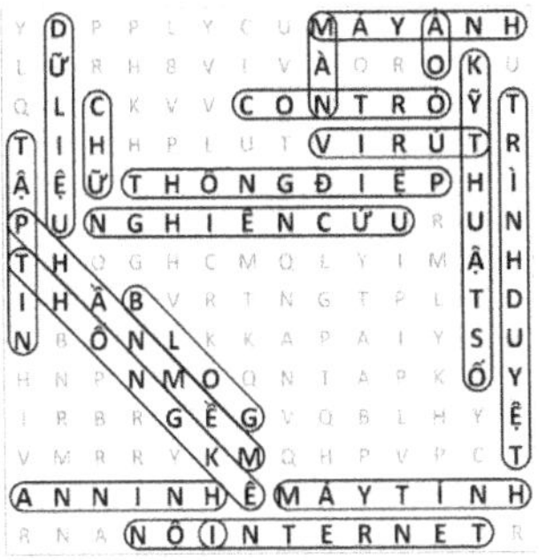

62 - Boeken

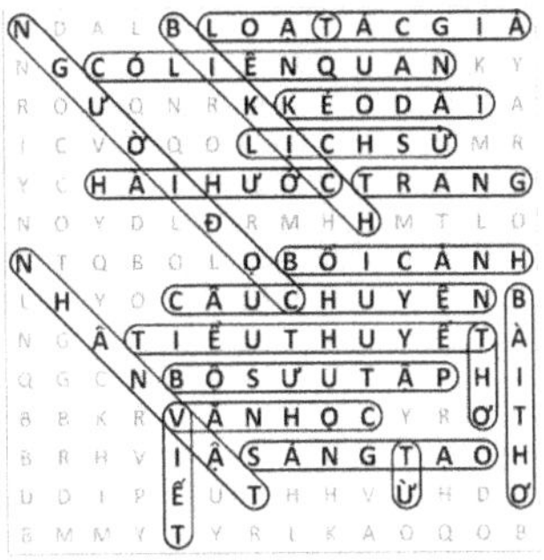

63 - Meer Informatie

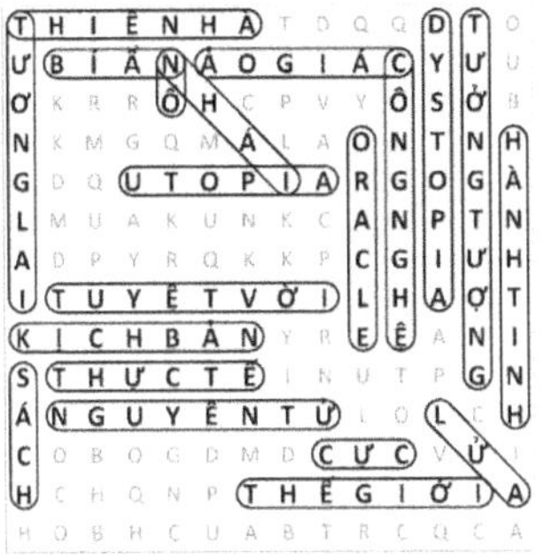

64 - Regenwoud

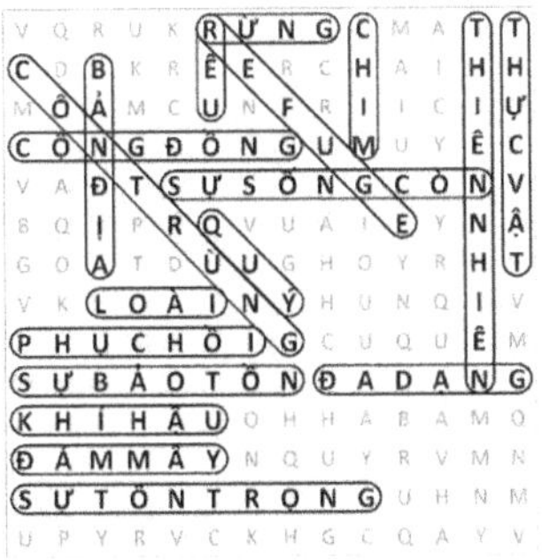

65 - Haartypes

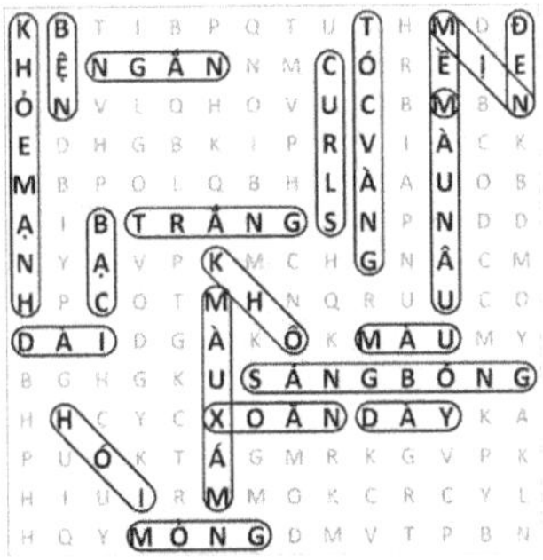

66 - Gereedschap Voor het Kok

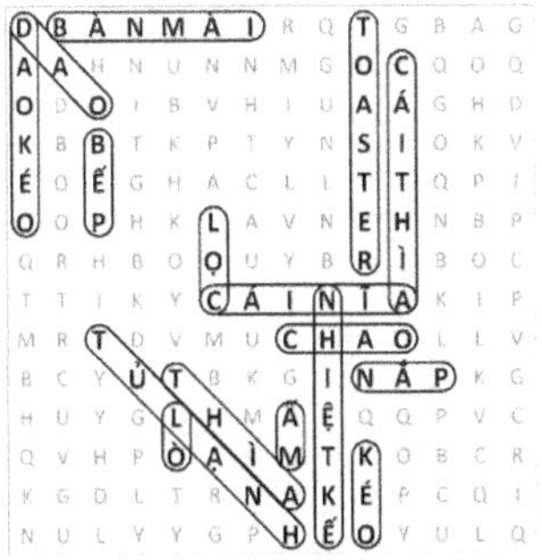

67 - Stad

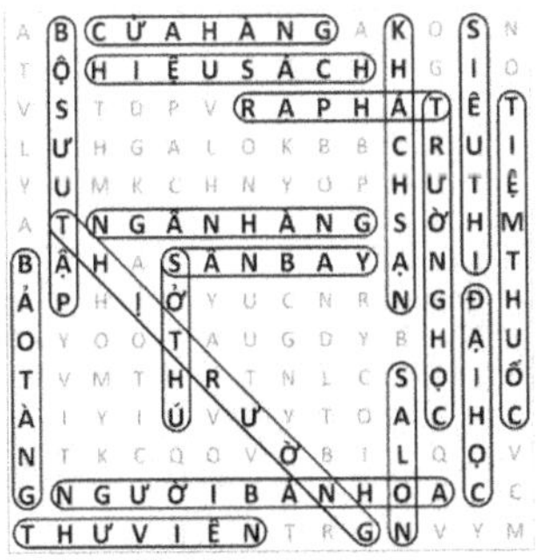

68 - Natuur

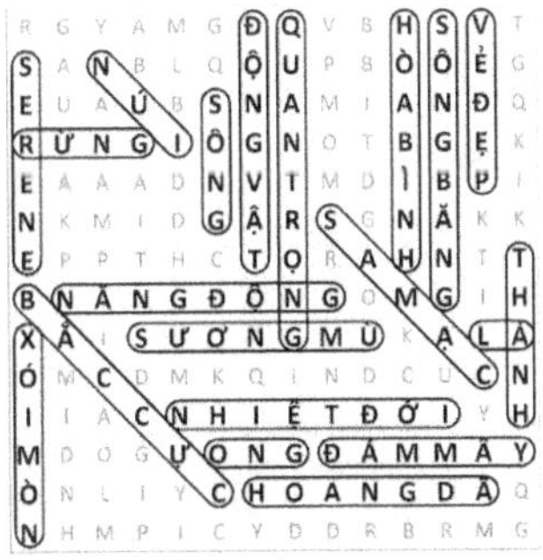

69 - Dinosaurussen

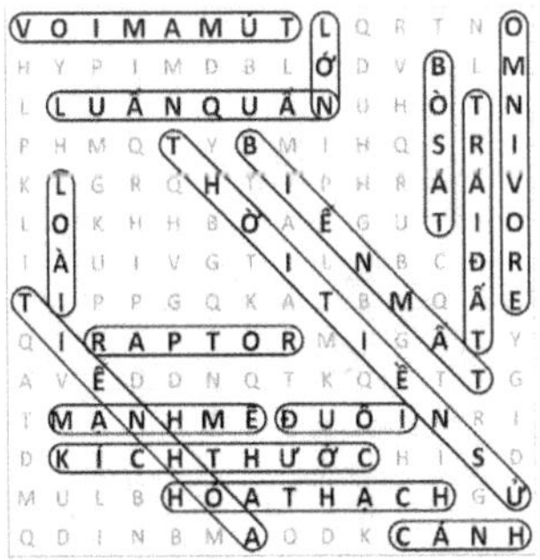

70 - Zoogdieren

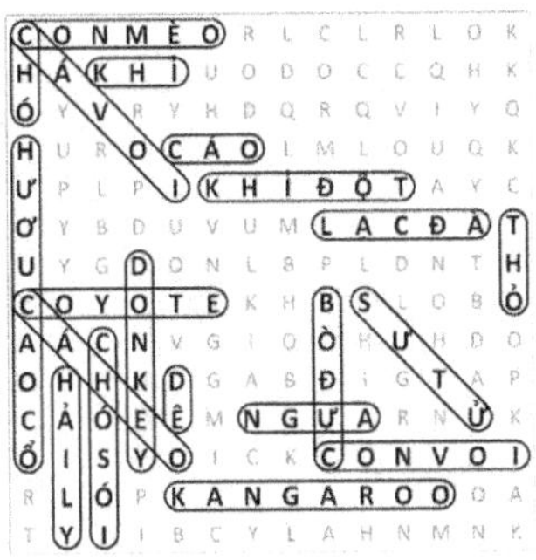

71 - 1 Jaar Geleden

72 - Voertuigen

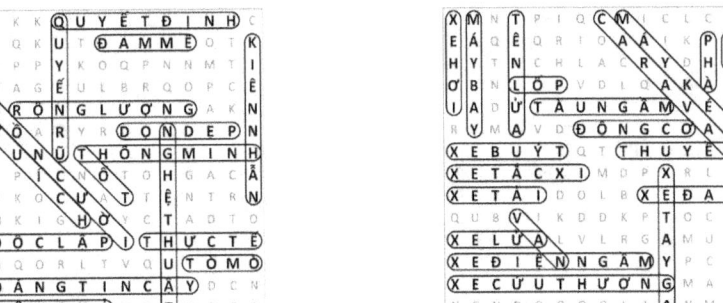

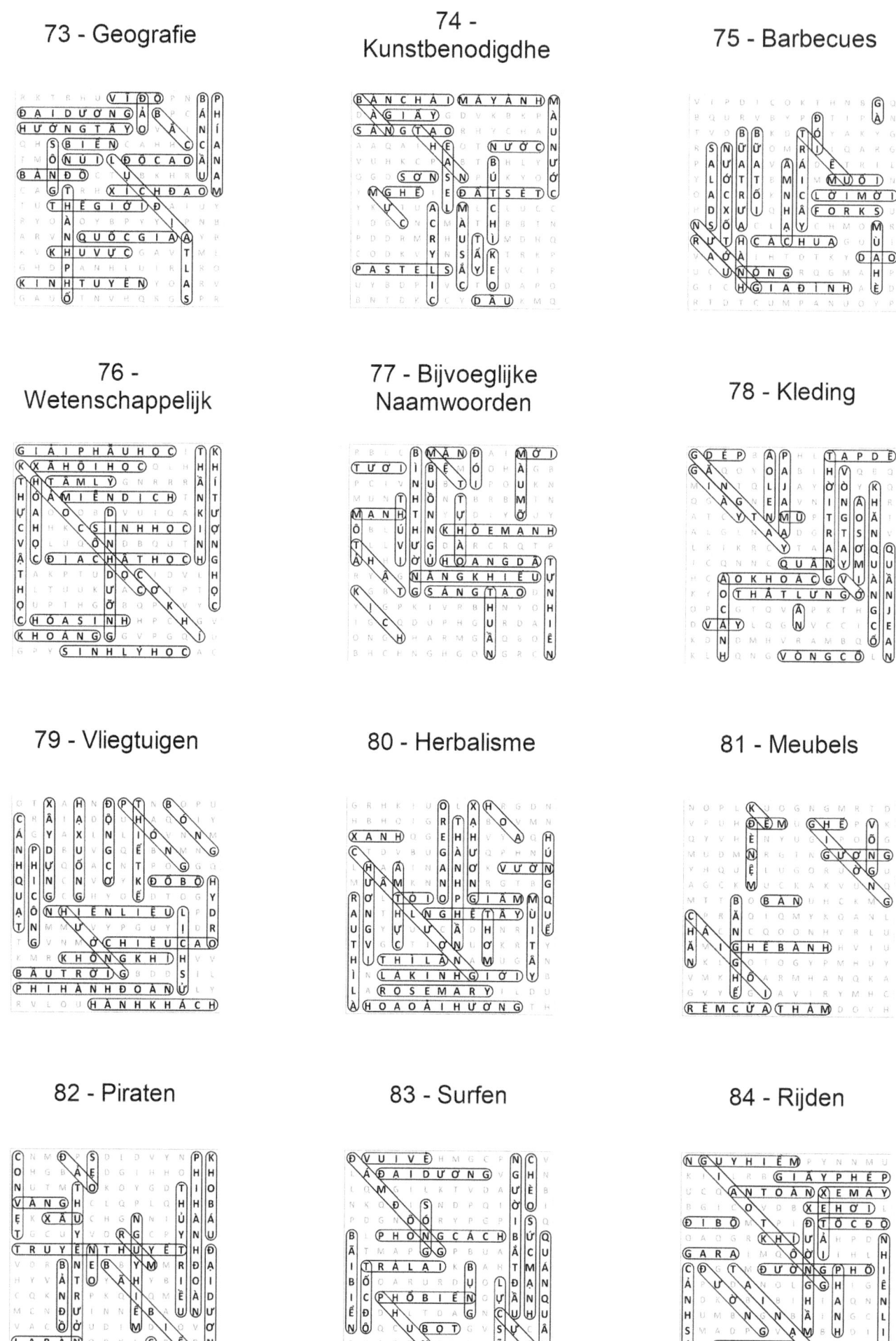

73 - Geografie

74 - Kunstbenodigdhe

75 - Barbecues

76 - Wetenschappelijk

77 - Bijvoeglijke Naamwoorden

78 - Kleding

79 - Vliegtuigen

80 - Herbalisme

81 - Meubels

82 - Piraten

83 - Surfen

84 - Rijden

85 - Wetenschap

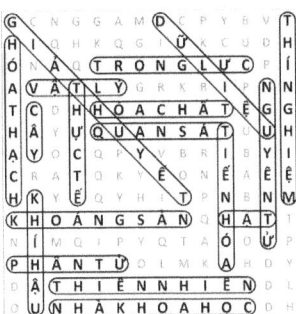

86 - Badkamer

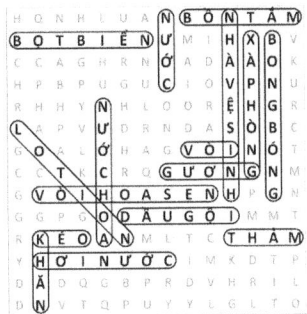

87 - Herfst

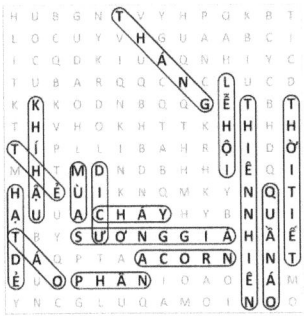

88 - Speelgoed

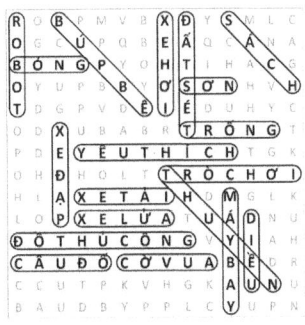

89 - Muziekinstrument

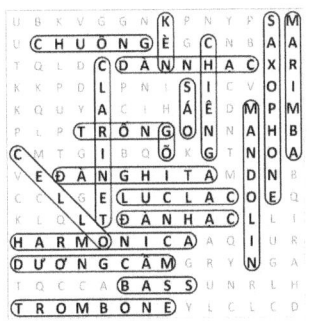

90 - Activiteiten en Vrije Ti

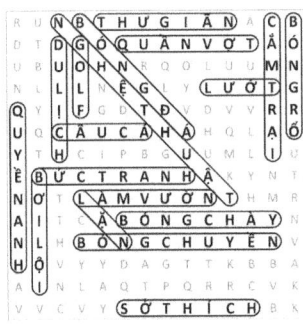

91 - Water

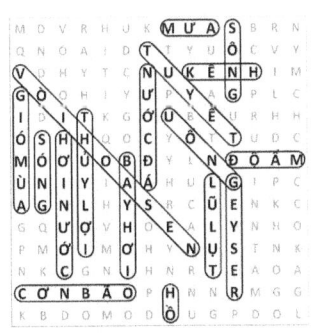

92 - Schaken

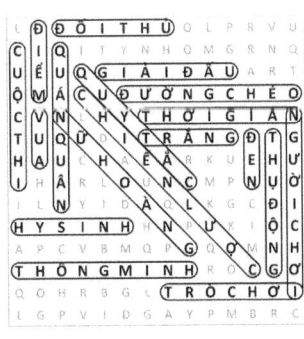

93 - Boerderij #1

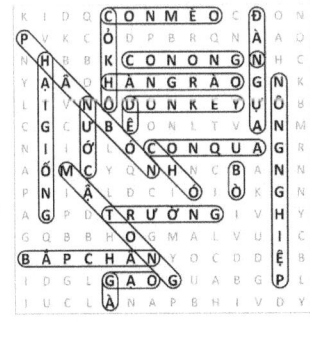

94 - Huis

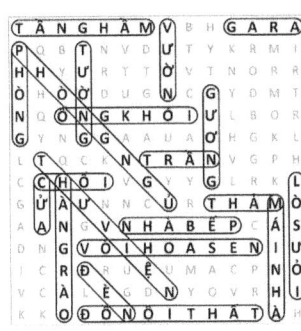

95 - Kleuren

96 - Verjaardag

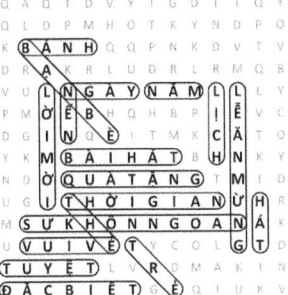

97 - Getallen

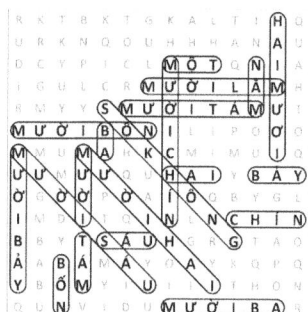

98 - Boerderij #2

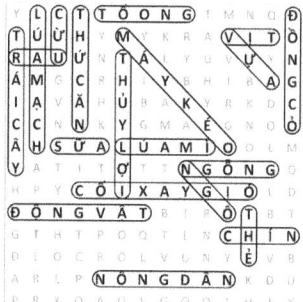

99 - Voeding

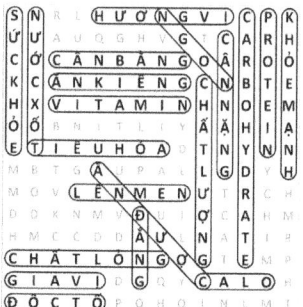

Woordenboek

1 Jaar Geleden
Đức Hạnh số 1

Artistiek	Nghệ Thuật
Behulpzaam	Hữu Ích
Bescheiden	Khiêm Tốn
Beslissend	Quyết Định
Betrouwbaar	Đáng tin Cậy
Charmant	Quyến Rũ
Efficiënt	Hiệu Quả
Gepassioneerd	Đam Mê
Goed	Tốt
Grappig	Buồn Cười
Gul	Rộng Lượng
Intelligent	Thông Minh
Nieuwsgierig	Tò Mò
Onafhankelijk	Độc Lập
Patiënt	Kiên Nhẫn
Praktisch	Thực Tế
Schoon	Dọn Dẹp
Wijs	Khôn Ngoan

Activiteiten
Các Hoạt Động

Activiteit	Hoạt Động
Ambachten	Đồ thủ Công
Breien	Đan
Fotografie	Nhiếp Ảnh
Games	Trò Chơi
Hengelsport	Câu Cá
Jacht	Săn Bắn
Kamperen	Cắm Trại
Kunst	Nghệ Thuật
Lezen	Đọc
Magie	Ma Thuật
Naaien	May
Ontspanning	Thư Giãn
Plezier	Hài Lòng
Puzzels	Câu Đố
Schilderij	Bức Tranh
Tuinieren	Làm Vườn
Vaardigheid	Kỹ Năng
Vrije Tijd	Giải Trí

Activiteiten en Vrije Ti
Và các Hoạt Động Giải Trí

Basketbal	Bóng Rổ
Boksen	Quyền Anh
Duiken	Lặn
Golf	Golf
Hengelsport	Câu Cá
Hobby	Sở Thích
Honkbal	Bóng Chày
Kamperen	Cắm Trại
Kunst	Nghệ Thuật
Ontspannen	Thư Giãn
Reis	Du Lịch
Schilderij	Bức Tranh
Surfen	Lướt
Tennis	Quần Vợt
Tuinieren	Làm Vườn
Voetbal	Bóng Đá
Volleybal	Bóng Chuyền
Zwemmen	Bơi Lội

Antarctica
Nam Cực

Baai	Vịnh
Behoud	Bảo Tồn
Continent	Lục Địa
Eilanden	Đảo
Exploratie	Thăm Dò
Geografie	Môn địa Lý
Gletsjers	Sông Băng
Ijs	Băng
Migratie	Di Cư
Mineralen	Khoáng Sản
Omgeving	Môi Trường
Pinguïn	Chim Cánh Cụt
Rotsachtig	Rocky
Schiereiland	Bán Đảo
Soort	Loài
Temperatuur	Nhiệt Độ
Topografie	Địa Hình
Water	Nước
Wetenschappelijk	Khoa Học
Wolken	Đám Mây

Astronomie
Thiên văn Học

Aarde	Trái Đất
Astronaut	Phi Hành Gia
Dierenriem	Zodiac
Equinox	Phân
Hemel	Bầu Trời
Komeet	Sao Chổi
Kosmos	Vũ Trụ
Maan	Mặt Trăng
Meteoor	Sao Băng
Nevel	Tinh Vân
Observatorium	Đài Quan Sát
Planeet	Hành Tinh
Raket	Tên Lửa
Satelliet	Vệ Tinh
Ster	Sao
Sterrenbeeld	Chòm Sao
Sterrenstelsel	Thiên Hà
Straling	Bức Xạ
Verduistering	Nhật Thực
Zwaartekracht	Trọng Lực

Avontuur
Cuộc Phiêu Lưu

Activiteit	Hoạt Động
Bestemming	Điểm Đến
Enthousiasme	Hăng Hái
Gevaarlijk	Nguy Hiểm
Kans	Cơ Hội
Moeilijkheid	Khó Khăn
Natuur	Thiên Nhiên
Navigatie	Dẫn Đường
Nieuw	Mới
Reisplan	Hành Trình
Reizen	Đi
Schoonheid	Vẻ Đẹp
Veiligheid	An Toàn
Voorbereiding	Chuẩn Bị
Vreugde	Niềm Vui
Vrienden	Bạn Bè

Badkamer
Phòng Tắm

Bad	Bồn Tắm
Bellen	Bong Bóng
Douche	Vòi hoa Sen
Handdoek	Khăn
Kraan	Vòi
Lotion	Lotion
Parfum	Nước Hoa
Schaar	Kéo
Shampoo	Dầu Gội
Spiegel	Gương
Spons	Bọt Biển
Stoom	Hơi Nước
Tapijt	Thảm
Water	Nước
Wc	Nhà vệ Sinh
Zeep	Xà Phòng

Ballet
Vở Ballet

Artistiek	Nghệ Thuật
Ballerina	Ballerina
Choreografie	Choreography
Componist	Nhà Soạn Nhạc
Dansers	Vũ Công
Gebaar	Cử Chỉ
Intensiteit	Cường Độ
Muziek	Âm Nhạc
Orkest	Dàn Nhạc
Praktijk	Tập
Publiek	Khán Giả
Ritme	Nhịp
Spieren	Cơ Bắp
Stijl	Phong Cách
Techniek	Kỹ Thuật
Vaardigheid	Kỹ Năng

Barbecues
Ăn Thịt Nướng

Diner	Bữa Tối
Familie	Gia Đình
Fruit	Trái Cây
Grill	Nướng
Groente	Rau
Heet	Nóng
Honger	Đói
Kip	Gà
Lunch	Bữa Trưa
Messen	Dao
Muziek	Âm Nhạc
Peper	Tiêu
Salades	Salads
Saus	Nước Xốt
Tomaten	Cà Chua
Uien	Hành
Uitnodiging	Lời Mời
Vorken	Forks
Zomer	Mùa Hè
Zout	Muối

Beeldende Kunsten
Nghệ Thuật thị Giác

Aardewerk	Đồ Gốm
Architectuur	Kiến Trúc
Artiest	Nghệ Sĩ
Beeldhouwwerk	Điêu Khắc
Creativiteit	Sáng Tạo
Ezel	Vẽ
Film	Phim Ảnh
Foto	Ảnh Chụp
Klei	Đất Sét
Krijt	Phấn
Meesterwerk	Kiệt Tác
Pen	Cái Bút
Perspectief	Quan Điểm
Portret	Chân Dung
Potlood	Bút Chì
Samenstelling	Thành Phần
Schilderij	Bức Tranh
Stencil	Giấy Nến
Was	Sáp

Behoud
Bảo Tồn

Chemicaliën	Hóa Chất
Duurzaam	Bền Vững
Ecosysteem	Hệ Sinh Thái
Fiets	Xe Đạp
Gezondheid	Sức Khỏe
Groen	Xanh
Klimaat	Khí Hậu
Milieu	Môi Trường
Natuurlijk	Tự Nhiên
Onderwijs	Giáo Dục
Organisch	Hữu Cơ
Pesticide	Thuốc trừ Sâu
Recycleren	Tái Chế
Veranderingen	Thay Đổi
Verminderen	Giảm
Vervuiling	Ô Nhiễm
Vrijwilliger	Tình Nguyện
Water	Nước

Beroepen #1
Nghề Nghiệp số 1

Advocaat	Luật Sư
Ambassadeur	Đại Sứ
Apotheker	Dược Sĩ
Atleet	Lực Sĩ
Bankier	Ngân Hàng
Brandweerman	Lính cứu Hỏa
Danser	Vũ Công
Dierenarts	Bác sĩ thú Y
Dokter	Bác Sĩ
Editor	Biên tập Viên
Geoloog	Nhà địa Chất
Jager	Thợ Săn
Juwelier	Jeweler
Loodgieter	Plumber
Monteur	Thợ cơ Khí
Muzikant	Nhạc Sĩ
Natuurkundige	Nhà vật Lý
Pianist	Nghệ sĩ Piano
Verpleegster	Y Tá
Wetenschapper	Nhà Khoa Học

Beroepen #2
Nghề Nghiệp số 2

Arts	Bác Sĩ
Astronaut	Phi Hành Gia
Bibliothecaris	Thủ Thư
Boer	Nông Dân
Detective	Thám Tử
Filosoof	Triết Gia
Fotograaf	Nhiếp ảnh Gia
Illustrator	Hoạ
Ingenieur	Kỹ Sư
Journalist	Nhà Báo
Leraar	Giáo Viên
Linguïst	Nhà Ngôn Ngữ
Piloot	Phi Công
Politicus	Chính trị Gia
Professor	Giáo Sư
Schilder	Họa Sĩ
Tandarts	Nha Sĩ
Uitgever	Nhà Xuất Bản

Bijen
Những con Ong

Bestuiver	Thụ Phấn
Bijenkorf	Hive
Bloemen	Hoa
Diversiteit	Đa Dạng
Ecosysteem	Hệ Sinh Thái
Fruit	Trái Cây
Honing	Mật Ong
Insect	Côn Trùng
Koningin	Nữ Hoàng
Planten	Cây
Rook	Khói
Stuifmeel	Phấn Hoa
Tuin	Vườn
Vleugels	Cánh
Voedsel	Thức Ăn
Voordelig	Có Lợi
Was	Sáp
Zon	Mặt Trời
Zwerm	Họp Lại

Bijvoeglijke Naamwoorden
Tính từ số 1

Aantrekkelijk	Hấp Dẫn
Absoluut	Tuyệt Đối
Actief	Hoạt Động
Ambitieus	Đầy Tham Vọng
Aromatisch	Thơm
Artistiek	Nghệ Thuật
Belangrijk	Quan Trọng
Diep	Sâu
Donker	Tối
Dun	Mỏng
Eerlijk	Trung Thực
Exotisch	Kỳ Lạ
Jong	Trẻ
Lang	Dài
Langzaam	Chậm
Modern	Hiện Đại
Onschuldig	Vô Tội
Perfect	Hoàn Hảo
Waardevol	Quý
Zwaar	Nặng

Bijvoeglijke Naamwoorden
Tính từ số 2

Authentiek	Thật
Begaafd	Năng Khiếu
Beschrijvend	Mô Tả
Creatief	Sáng Tạo
Dramatisch	Kịch
Gezond	Khỏe Mạnh
Hongerig	Đói
Interessant	Thú Vị
Moe	Mệt
Natuurlijk	Tự Nhiên
Nieuw	Mới
Normaal	Bình Thường
Productief	Màu Mỡ
Slaperig	Buồn Ngủ
Sterk	Mạnh
Trots	Tự Hào
Vers	Tươi
Wild	Hoang Dã
Zout	Mặn
Zuiver	Thuần

Bloemen
Những Bông Hoa

Bloemblad	Cánh Hoa
Boeket	Bó Hoa
Gardenia	Gardenia
Hibiscus	Dâm Bụt
Jasmijn	Jasmine
Klaver	Cỏ ba Lá
Lavendel	Hoa oải Hương
Lelie	Hoa loa Kèn
Lila	Tử Đinh Hương
Madeliefje	Daisy
Magnolia	Magnolia
Orchidee	Phong Lan
Paardebloem	Bồ Công Anh
Papaver	Poppy
Pioenroos	Hoa mẫu Đơn
Plumeria	Plumeria
Roos	Hoa Hồng
Tulp	Lời Khuyên
Zonnebloem	Hướng Dương

Boeken
Sách

Auteur	Tác Giả
Bladzijde	Trang
Collectie	Bộ sưu Tập
Context	Bối Cảnh
Dualiteit	Kéo Dài
Gedicht	Bài Thơ
Geschreven	Viết
Historisch	Lịch Sử
Humoristisch	Hài Hước
Inventief	Sáng Tạo
Karakter	Nhân Vật
Lezer	Người Đọc
Literair	Văn Học
Poëzie	Thơ
Relevant	Có Liên Quan
Roman	Tiểu Thuyết
Serie	Loạt
Tragisch	Bi Kịch
Verhaal	Câu Chuyện
Woorden	Từ

Boerderij #1
Trang Trại số 1

Bij	Con Ong
Ezel	Donkey
Geit	Dê
Hek	Hàng Rào
Hond	Chó
Honing	Mật Ong
Hooi	Cỏ Khô
Kalf	Bắp Chân
Kat	Con Mèo
Kip	Gà
Koe	Bò
Kraai	Con Quạ
Kudde	Đàn
Landbouw	Nông Nghiệp
Mest	Phân Bón
Paard	Ngựa
Rijst	Gạo
Veld	Trường
Water	Nước
Zaden	Hạt Giống

Boerderij #2
Trang Trại số 2

Bijenkorf	Tổ Ong
Boer	Nông Dân
Boomgaard	Thẻ
Dieren	Động Vật
Eend	Vịt
Fruit	Trái Cây
Ganzen	Ngỗng
Gerst	Lúa Mạch
Groente	Rau
Irrigatie	Thủy Lợi
Maïs	Ngô
Melk	Sữa
Rijp	Chín
Schaap	Cừu
Schuur	Vựa
Tarwe	Lúa Mì
Tractor	Máy Kéo
Voedsel	Thức Ăn
Weide	Đồng Cỏ
Windmolen	Cối xay Gió

Boten
Thuyền

Anker	Neo
Bemanning	Phi Hành Đoàn
Boei	Phao
Dok	Dock
Golven	Sóng
Jacht	Du Thuyền
Kajak	Kayak
Kano	Xuồng
Maritiem	Hàng Hải
Mast	Cột Buồm
Meer	Hồ
Motor	Động Cơ
Nautisch	Hải Lý
Oceaan	Đại Dương
Rivier	Sông
Touw	Dây Thừng
Veerboot	Phà
Vlot	Bè
Zee	Biển
Zeilboot	Thuyền Buồm

Camping
Cắm Trại

Berg	Núi
Bomen	Cây
Bos	Rừng
Brand	Lửa
Cabine	Cabin
Dieren	Động Vật
Hangmat	Võng
Hoed	Mũ
Insect	Côn Trùng
Jacht	Săn Bắn
Kaart	Bản Đồ
Kano	Xuồng
Kompas	La Bàn
Lantaarn	Đèn Lồng
Maan	Mặt Trăng
Meer	Hồ
Natuur	Thiên Nhiên
Tent	Lều
Touw	Dây Thừng
Verhalen	Câu Chuyện

Chocolade
Sô-Cô-La

Antioxidant	Antioxidant
Aroma	Thơm
Bitter	Đắng
Cacao	Cacao
Calorieën	Calo
Exotisch	Kỳ Lạ
Favoriet	Yêu Thích
Heerlijk	Ngon
Ingrediënt	Thành Phần
Karamel	Caramel
Kokosnoot	Dừa
Kwaliteit	Chất Lượng
Pinda'S	Đậu Phộng
Poeder	Bột
Recept	Công Thức
Smaak	Vị
Snoep	Kẹo
Suiker	Đường
Zoet	Ngọt

Circus
Rạp Xiếc

Aap	Khỉ
Acrobaat	Acrobat
Ballonnen	Bóng Bay
Dieren	Động Vật
Jongleur	Tung Hứng
Kaartje	Vé
Kostuum	Trang Phục
Laat	Chỉ
Leeuw	Sư Tử
Magie	Ma Thuật
Muziek	Âm Nhạc
Olifant	Con Voi
Snoep	Kẹo
Spectaculair	Đẹp Mắt
Tent	Lều
Tijger	Con Hổ
Toeschouwer	Khán Giả
Truc	Lừa

Dagen en Maanden
Ngày và Tháng

April	Tháng Tư
Augustus	Ngày
December	Tháng 12
Dinsdag	Thứ Ba
Donderdag	Thứ Năm
Februari	Tháng Hai
Jaar	Năm
Januari	Tháng Một
Juli	Tháng Bảy
Juni	Tháng Sáu
Kalender	Lịch
Maand	Tháng
Maandag	Thứ Hai
Oktober	Tháng Mười
September	Tháng 9
Vrijdag	Thứ Sáu
Week	Tuần
Woensdag	Thứ Tư
Zaterdag	Thứ Bảy
Zondag	Chủ Nhật

Dans
Nhảy

Academie	Học Viện
Beweging	Phong Trào
Blij	Vui Vẻ
Choreografie	Choreography
Cultureel	Văn Hóa
Cultuur	Văn Hoá
Emotie	Cảm Xúc
Genade	Ân
Houding	Tư Thế
Klassiek	Cổ Điển
Kunst	Nghệ Thuật
Lichaam	Cơ Thể
Muziek	Âm Nhạc
Partner	Đối Tác
Ritme	Nhịp
Springen	Nhảy
Traditioneel	Truyền Thống
Visueel	Trực Quan

Dinosaurussen
Loài Khủng Long

Aarde	Trái Đất
Evolutie	Tiến Hóa
Fossielen	Hóa Thạch
Groot	Lớn
Grootte	Kích Thước
Krachtig	Mạnh Mẽ
Mammoet	Voi ma Mút
Omnivoor	Omnivore
Prehistorisch	Thời Tiền Sử
Reptiel	Bò Sát
Roofvogel	Raptor
Soort	Loài
Staart	Đuôi
Verdwijning	Biến Mất
Vicieuze	Luẩn Quẩn
Vleugels	Cánh

Ecologie
Sinh Thái Học

Bergen	Núi
Diversiteit	Đa Dạng
Droogte	Hạn Hán
Duurzaam	Bền Vững
Fauna	Động Vật
Flora	Flora
Gemeenschappen	Cộng Đồng
Globaal	Toàn Cầu
Klimaat	Khí Hậu
Marinier	Biển
Moeras	Marsh
Natuur	Thiên Nhiên
Natuurlijk	Tự Nhiên
Overleving	Sự Sống Còn
Planten	Cây
Soort	Loài
Vegetatie	Thực Vật

Emoties
Những cảm Xúc

Angst	Nỗi Sợ
Beschaamd	Xấu Hổ
Dankbaar	Tri Ân
Droefheid	Nỗi Buồn
Gelukzaligheid	Bliss
Inhoud	Nội Dung
Kalm	Lặng
Liefde	Yêu
Ontspannen	Thư Giãn
Opgewonden	Bị Kích Thích
Rust	Yên Bình
Sympathie	Cảm Thông
Tederheid	Dịu Dàng
Tevreden	Hài Lòng
Verveling	Chán Nản
Vrede	Hòa Bình
Vreugde	Niềm Vui
Vriendelijkheid	Lòng Tốt
Woede	Sự Phẫn Nộ

Eten #1
Thực Phẩm #1

Aardbei	Dâu Tây
Abrikoos	Quả Mơ
Basilicum	Húng Quế
Citroen	Chanh
Gerst	Lúa Mạch
Kaneel	Quế
Knoflook	Tỏi
Melk	Sữa
Peer	Lê
Pinda	Đậu Phụng
Salade	Salad
Sap	Nước Ép
Soep	Súp
Spinazie	Rau Bina
Suiker	Đường
Tonijn	Cá Ngừ
Ui	Hành
Vlees	Thịt
Wortel	Cà Rốt
Zout	Muối

Eten #2
Thực Phẩm #2

Amandel	Hạnh Nhân
Ananas	Dứa
Appel	Táo
Asperge	Măng Tây
Aubergine	Cà Tím
Banaan	Chuối
Broccoli	Bông cải Xanh
Brood	Bánh Mì
Druif	Nho
Ei	Trứng
Ham	Giăm Bông
Kaas	Phô Mai
Kip	Gà
Kiwi	Quả Kiwi
Perzik	Đào
Rijst	Gạo
Tarwe	Lúa Mì
Tomaat	Cà Chua
Vis	Cá
Yoghurt	Sữa Chua

Familie
Gia Đình

Broer	Anh Trai
Dochter	Con Gái
Grootmoeder	Bà
Jeugd	Thời thơ Ấu
Kind	Con
Kinderen	Trẻ Em
Kleinzoon	Cháu Trai
Man	Chồng
Moeder	Mẹ
Neef	Cháu
Nicht	Cháu Gái
Oom	Chú
Opa	Ông
Tante	Dì
Vader	Cha
Voorouder	Tổ Tiên
Vrouw	Vợ
Zus	Em Gái

Fruit
Trái Cây

Abrikoos	Quả Mơ
Ananas	Dứa
Appel	Táo
Avocado	Trái Bơ
Banaan	Chuối
Bes	Quả Mọng
Citroen	Chanh
Druif	Nho
Framboos	Mâm Xôi
Kers	Quả anh Đào
Kiwi	Quả Kiwi
Kokosnoot	Dừa
Mango	Trái Xoài
Meloen	Dưa
Nectarine	Cây Xuân Đào
Oranje	Cam
Papaja	Đu Đủ
Peer	Lê
Perzik	Đào
Pruim	Mận

Gebouwen
Các tòa Nhà

Ambassade	Đại sứ Quán
Appartement	Căn Hộ
Boerderij	Nông Trại
Cabine	Cabin
Fabriek	Nhà Máy
Garage	Ga-Ra
Hotel	Khách Sạn
Huis	Nhà
Kasteel	Lâu Đài
Museum	Bảo Tàng
Observatorium	Đài Quan Sát
School	Trường Học
Schuur	Vựa
Stadion	Sân vận Động
Supermarkt	Siêu Thị
Tent	Lều
Theater	Rạp Hát
Toren	Tháp
Universiteit	Đại Học
Ziekenhuis	Bệnh Viện

Geografie
Môn địa Lý

Atlas	Atlas
Berg	Núi
Breedtegraad	Vĩ Độ
Continent	Lục Địa
Eiland	Đảo
Evenaar	Xích Đạo
Halfrond	Bán Cầu
Hoogte	Độ Cao
Kaart	Bản Đồ
Land	Quốc Gia
Meridiaan	Kinh Tuyến
Noorden	Bắc
Oceaan	Đại Dương
Regio	Khu Vực
Rivier	Sông
Stad	Thành Phố
Wereld	Thế Giới
Westen	Hướng Tây
Zee	Biển
Zuiden	Phía Nam

Geologie
Địa Chất Học

Aardbeving	Động Đất
Calcium	Calcium
Continent	Lục Địa
Erosie	Xói Mòn
Fossiel	Hóa Thạch
Gesmolten	Nóng Chảy
Grot	Hang Động
Koraal	San Hô
Kristallen	Tinh Thể
Kwarts	Thạch Anh
Laag	Lớp
Lava	Dung Nham
Mineralen	Khoáng Sản
Plateau	Cao Nguyên
Stalactiet	Nhũ Đá
Steen	Đá
Vulkaan	Núi Lửa
Zone	Vùng
Zout	Muối
Zuur	Axit

Gereedschap Voor het Kok
Dụng cụ nấu Ăn

Bestek	Dao Kéo
Broodrooster	Toaster
Deksel	Nắp
Kachel	Bếp
Ketel	Ấm
Koelkast	Tủ Lạnh
Lepel	Cái Thìa
Mes	Dao
Oven	Lò
Rasp	Bàn Mài
Schaar	Kéo
Spatel	Thìa
Thermometer	Nhiệt Kế
Vergiet	Chao
Vork	Cái Nĩa
Zeef	Lọc

Getallen
Con Số

Acht	Tám
Achttien	Mười Tám
Dertien	Mười Ba
Drie	Ba
Een	Một
Negen	Chín
Negentien	Mười Chín
Nul	Số Không
Tien	Mười
Twaalf	Mười Hai
Twee	Hai
Twintig	Hai Mươi
Veertien	Mười Bốn
Vier	Bốn
Vijf	Năm
Vijftien	Mười Lăm
Zes	Sáu
Zestien	Mười Sáu
Zeven	Bảy
Zeventien	Mười Bảy

Groenten
Rau Củ

Aardappel	Khoai Tây
Artisjok	Atisô
Aubergine	Cà Tím
Broccoli	Bông cải Xanh
Erwt	Đậu
Gember	Gừng
Knoflook	Tỏi
Komkommer	Dưa Chuột
Olijf	Ô Liu
Paddestoel	Nấm
Peterselie	Mùi Tây
Pompoen	Quả bí Ngô
Radijs	Củ Cải
Salade	Salad
Selderij	Cần Tây
Sjalot	Củ Hẹ
Spinazie	Rau Bina
Tomaat	Cà Chua
Ui	Hành
Wortel	Cà Rốt

Haartypes
Các Loại Tóc

Blond	Tóc Vàng
Bruin	Màu Nâu
Dik	Dày
Droog	Khô
Dun	Mỏng
Gekleurd	Màu
Gevlochten	Bện
Gezond	Khỏe Mạnh
Glad	Mịn
Glimmend	Sáng Bóng
Grijs	Màu Xám
Kaal	Hói
Kort	Ngắn
Krullen	Curls
Krullend	Xoăn
Lang	Dài
Wit	Trắng
Zacht	Mềm
Zilver	Bạc
Zwart	Đen

Herbalisme
Chủ Nghĩa Thảo Dược

Aromatisch	Thơm
Basilicum	Húng Quế
Bloem	Hoa
Culinair	Ẩm Thực
Dille	Rau thì Là
Dragon	Giấm
Groen	Xanh
Ingrediënt	Thành Phần
Knoflook	Tỏi
Kwaliteit	Chất Lượng
Lavendel	Hoa oải Hương
Marjolein	Lá Kinh Giới
Oregano	Oregano
Peterselie	Mùi Tây
Rozemarijn	Rosemary
Saffraan	Nghệ Tây
Smaak	Hương Vị
Tijm	Xạ Hương
Tuin	Vườn
Venkel	Thì Là

Herfst
Mùa Thu

Appels	Táo
Boomgaard	Thẻ
Branden	Cháy
Eikel	Acorn
Equinox	Phân
Festival	Lễ Hội
Kastanjes	Hạt Dẻ
Kleding	Quần Áo
Klimaat	Khí Hậu
Maanden	Tháng
Migratie	Di Cư
Natuur	Thiên Nhiên
Seizoensgebonden	Mùa
Vorst	Sương Giá
Weer	Thời Tiết

Huis
Nhà Ở

Bezem	Chổi
Bibliotheek	Thư Viện
Dak	Mái Nhà
Deur	Cửa
Douche	Vòi hoa Sen
Garage	Ga-Ra
Haard	Lò Sưởi
Hek	Hàng Rào
Kamer	Phòng
Kelder	Tầng Hầm
Keuken	Nhà Bếp
Lamp	Đèn
Meubilair	Đồ nội Thất
Muur	Tường
Plafond	Trần
Schoorsteen	Ống Khói
Slaapkamer	Phòng Ngủ
Spiegel	Gương
Tapijt	Thảm
Tuin	Vườn

Huisdieren
Thú Cưng

Dierenarts	Bác sĩ thú Y
Geit	Dê
Hagedis	Con Thần Lằn
Hamster	Hamster
Hond	Chó
Kat	Con Mèo
Katje	Mèo Con
Koe	Bò
Konijn	Thỏ
Kraag	Cổ Áo
Muis	Chuột
Papegaai	Con Vẹt
Puppy	Chó Con
Schildpad	Rùa
Staart	Đuôi
Vis	Cá
Voedsel	Thức Ăn
Water	Nước

Insecten
Côn Trùng

Bidsprinkhaan	Bọ Ngựa
Bij	Con Ong
Bladluis	Rệp
Cicade	Con ve Sầu
Horzel	Hornet
Kakkerlak	Gián
Kever	Bọ Cánh Cứng
Larve	Ấu Trùng
Mier	Kiến
Mot	Bướm Đêm
Mug	Muỗi
Sprinkhaan	Châu Chấu
Termiet	Mối
Vlinder	Bướm
Vlo	Bọ Chét
Wesp	Ong
Worm	Sâu

Installaties
Cây

Bamboe	Tre
Bes	Quả Mọng
Bloem	Hoa
Boom	Cây
Boon	Hạt Đậu
Bos	Rừng
Cactus	Xương Rồng
Flora	Flora
Gebladerte	Lá
Gras	Cỏ
Groeien	Lớn Lên
Klimop	Ivy
Mest	Phân Bón
Mos	Rêu
Plantkunde	Thực vật Học
Stengel	Gốc
Struik	Bụi Cây
Tuin	Vườn
Vegetatie	Thực Vật
Wortel	Nguồn Gốc

Kastelen
Lâu Đài

Draak	Rồng
Dynastie	Triều Đại
Edele	Noble
Eenhoorn	Kỳ Lân
Feodaal	Phong Kiến
Harnas	Áo Giáp
Katapult	Catapult
Kerker	Dungeon
Koninkrijk	Vương Quốc
Kroon	Vương Miện
Muur	Tường
Paard	Ngựa
Paleis	Cung Điện
Prins	Hoàng Tử
Prinses	Công Chúa
Ridder	Hiệp Sĩ
Rijk	Đế Chế
Schild	Cái Khiên
Toren	Tháp
Zwaard	Thanh Kiếm

Katten
Những con Mèo

Garen	Sợi
Gek	Điên
Grappig	Buồn Cười
Jager	Thợ Săn
Klein	Ít
Muis	Chuột
Nieuwsgierig	Tò Mò
Onafhankelijk	Độc Lập
Persoonlijkheid	Cá Tính
Poot	Chân
Slaap	Ngủ
Snel	Nhanh
Speels	Vui Tươi
Staart	Đuôi
Verlegen	Nhút Nhát
Wild	Hoang Dã

Keuken
Phòng Bếp

Cup	Ly
Eetstokjes	Đũa
Grill	Nướng
Ketel	Ấm
Koelkast	Tủ Lạnh
Kom	Bát
Kruik	Bình
Lepels	Thìa
Messen	Dao
Oven	Lò
Recept	Công Thức
Schort	Tạp Dề
Servet	Khăn Ăn
Specerijen	Gia Vị
Spons	Bọt Biển
Voedsel	Thức Ăn
Vorken	Forks

Kleding
Quần Áo

Armband	Vòng Tay
Blouse	Áo Cánh
Broek	Quần
Handschoenen	Găng Tay
Hoed	Mũ
Jasje	Áo Khoác
Jeans	Quần Jean
Jurk	Ăn
Ketting	Vòng Cổ
Mode	Thời Trang
Pyjama	Pajama
Riem	Thắt Lưng
Rok	Váy
Sandalen	Dép
Schoen	Giày
Schort	Tạp Dề
Shirt	Áo sơ Mi
Sjaal	Khăn Quàng Cổ
Sokken	Vớ
Trui	Áo Len

Kleuren
Màu Sắc

Azuur	Azure
Beige	Màu Be
Blauw	Màu Xanh
Bruin	Màu Nâu
Fuchsia	Fuchsia
Geel	Màu Vàng
Grijs	Xám
Groen	Xanh
Indigo	Chàm
Magenta	Magenta
Oranje	Cam
Paars	Màu Tím
Rood	Đỏ
Roze	Hồng
Sepia	Nâu Đỏ
Wit	Trắng
Zwart	Đen

Klimmen
Leo

Atmosfeer	Không Khí
Deskundige	Chuyên Gia
Fysiek	Vật Lý
Gidsen	Hướng Dẫn
Grot	Hang
Handschoenen	Găng Tay
Helm	Mũ bảo Hiểm
Hoogte	Độ Cao
Kaart	Bản Đồ
Kracht	Sức Mạnh
Laarzen	Giày Ống
Letsel	Chấn Thương
Nieuwsgierigheid	Sự tò Mò
Opleiding	Đào Tạo
Smal	Hẹp
Stabiliteit	Ổn Định

Kunst
Nghệ Thuật

Beeldhouwwerk	Điêu Khắc
Complex	Phức Tạp
Eenvoudig	Đơn Giản
Eerlijk	Trung Thực
Geïnspireerd	Cảm Hứng
Humeur	Tâm Trạng
Keramisch	Gốm
Onderwerp	Chủ Đề
Origineel	Gốc
Persoonlijk	Cá Nhân
Poëzie	Thơ
Samenstelling	Thành Phần
Symbool	Biểu Tượng
Uitdrukking	Biểu Hiện
Visueel	Trực Quan

Kunstbenodigdheden
Đồ Dùng Nghệ Thuật

Acryl	Acrylic
Aquarellen	Màu Nước
Borstels	Bàn Chải
Camera	Máy Ảnh
Creativiteit	Sáng Tạo
Ezel	Easel
Gom	Tẩy
Houtskool	Than
Inkt	Mực
Klei	Đất Sét
Kleuren	Màu Sắc
Lijm	Keo
Olie	Dầu
Papier	Giấy
Pastel	Pastels
Potloden	Bút Chì
Stoel	Ghế
Tafel	Bàn
Verf	Sơn
Water	Nước

Landen #2
Quốc gia # 2

Denemarken	Đan Mạch
Ethiopië	Ethiopia
Frankrijk	Pháp
Griekenland	Hy Lạp
Ierland	Ireland
Indonesië	Indonesia
Japan	Nhật Bản
Kenia	Kenya
Laos	Lào
Libanon	Lebanon
Liberia	Liberia
Maleisië	Malaysia
Mexico	Mexico
Nepal	Nepal
Nigeria	Nigeria
Oeganda	Uganda
Oekraïne	Ukraina
Rusland	Nga
Somalië	Somalia
Syrië	Syria

Landschappen
Phong Cảnh

Berg	Núi
Eiland	Đảo
Gletsjer	Sông Băng
Golf	Vịnh
Grot	Hang
Heuvel	Đồi
Lagune	Đầm
Meer	Hồ
Moeras	Đầm Lầy
Oase	Ốc Đảo
Oceaan	Đại Dương
Rivier	Sông
Schiereiland	Bán Đảo
Strand	Bãi Biển
Toendra	Lãnh Nguyên
Vallei	Thung Lũng
Vulkaan	Núi Lửa
Waterval	Thác Nước
Woestijn	Sa Mạc
Zee	Biển

Literatuur
Văn Học

Analogie	Tương Tự
Analyse	Phân Tích
Anekdote	Giai Thoại
Auteur	Tác Giả
Biografie	Tiểu Sử
Conclusie	Phần kết Luận
Dialoog	Hội Thoại
Fictie	Viễn Tưởng
Gedicht	Bài Thơ
Mening	Ý Kiến
Metafoor	Ẩn Dụ
Omschrijving	Sự Miêu Tả
Poëtisch	Thơ
Rijm	Vần
Ritme	Nhịp
Roman	Tiểu Thuyết
Stijl	Phong Cách
Thema	Chủ Đề
Tragedie	Bi Kịch
Vergelijking	So Sánh

Meditatie
Thiền

Aandacht	Chú Ý
Aanvaarding	Chấp Nhận
Ademhaling	Thở
Beweging	Phong Trào
Dankbaarheid	Lòng Biết Ơn
Emoties	Cảm Xúc
Gedachten	Suy Nghĩ
Geluk	Hạnh Phúc
Helderheid	Rõ Ràng
Houding	Tư Thế
Kalm	Lặng
Mededogen	Thương Hại
Mentaal	Tâm Thần
Muziek	Âm Nhạc
Natuur	Thiên Nhiên
Observatie	Quan Sát
Perspectief	Quan Điểm
Stilte	Im Lặng
Vrede	Hòa Bình
Vriendelijkheid	Lòng Tốt

Meer Informatie
Khoa học Viễn Tưởng

Atoom	Nguyên Tử
Boeken	Sách
Brand	Lửa
Denkbeeldig	Tưởng Tượng
Dystopie	Dystopia
Explosie	Nổ
Extreem	Cực
Fantastisch	Tuyệt Vời
Futuristisch	Tương Lai
Illusie	Ảo Giác
Klonen	Nhái
Mysterieus	Bí Ẩn
Orakel	Oracle
Planeet	Hành Tinh
Realistisch	Thực Tế
Scenario	Kịch Bản
Sterrenstelsel	Thiên Hà
Technologie	Công Nghệ
Utopie	Utopia
Wereld	Thế Giới

Menselijk Lichaam
Cơ thể con Người

Been	Chân
Bloed	Máu
Elleboog	Khuỷu Tay
Enkel	Mắt Cá
Hand	Tay
Hart	Tim
Hersenen	Óc
Hoofd	Đầu
Huid	Da
Kaak	Hàm
Kin	Cằm
Knie	Đầu Gối
Maag	Bụng
Mond	Miệng
Nek	Cổ
Neus	Mũi
Oor	Tai
Schouder	Vai
Tong	Lưỡi
Vinger	Ngón Tay

Metingen
Các Phép Đo

Breedte	Chiều Rộng
Byte	Byte
Centimeter	Centimet
Decimaal	Thập Phân
Diepte	Độ Sâu
Gewicht	Cân Nặng
Graad	Trình Độ
Gram	Gram
Hoogte	Chiều Cao
Inch	Inch
Kilogram	Kilôgam
Kilometer	Kilômét
Lengte	Chiều Dài
Liter	Lít
Massa	Khối Lượng
Meter	Mét
Minuut	Phút
Ons	Ounce
Ton	Tấn
Volume	Âm Lượng

Meubels
Đồ nội Thất

Bank	Băng Ghế
Bed	Giường
Bureau	Bàn
Dekbedden	Chăn
Fauteuil	Ghế Bành
Gordijnen	Rèm Cửa
Hangmat	Võng
Kussen	Cái Gối
Kussens	Đệm
Lamp	Đèn
Matras	Nệm
Planken	Kệ
Spiegel	Gương
Stoel	Ghế
Tapijt	Thảm

Muziekinstrumenten
Nhạc Cụ

Banjo	Bass
Cello	Cello
Fagot	Dàn Nhạc
Fluit	Sáo
Gitaar	Đàn ghi Ta
Gong	Chiêng
Harp	Đàn Hạc
Klarinet	Clarinet
Klokkenspel	Chuông
Mandoline	Mandolin
Marimba	Marimba
Mondharmonica	Harmonica
Percussie	Gõ
Piano	Dương Cầm
Saxofoon	Saxophone
Tamboerijn	Lục Lạc
Trombone	Trombone
Trommel	Trống
Trompet	Kèn
Viool	Đàn vi ô Lông

Mythologie
Thần Thoại

Archetype	Nguyên Mẫu
Bliksem	Sét
Creatie	Sáng Tạo
Cultuur	Văn Hoá
Donder	Sấm
Doolhof	Mê Cung
Gedrag	Hành Vi
Held	Anh Hùng
Heldin	Nữ anh Hùng
Hemel	Thiên Đường
Jaloezie	Ghen
Kracht	Sức Mạnh
Krijger	Chiến Binh
Legende	Truyền Thuyết
Monster	Quái Vật
Onsterfelijkheid	Sự bất Tử
Ramp	Thảm Họa
Sterfelijk	Có Chết
Wezen	Sinh Vật
Wraak	Trả Thù

Natuur
Thiên Nhiên

Arctisch	Bắc Cực
Bergen	Núi
Bijen	Ong
Bos	Rừng
Dieren	Động Vật
Dynamisch	Năng Động
Erosie	Xói Mòn
Gebladerte	Lá
Gletsjer	Sông Băng
Heiligdom	Thánh
Mist	Sương Mù
Rivier	Sông
Rustig	Hòa Bình
Schoonheid	Vẻ Đẹp
Sereen	Serene
Tropisch	Nhiệt Đới
Vitaal	Quan Trọng
Wild	Hoang Dã
Woestijn	Sa Mạc
Wolken	Đám Mây

Oceaan
Đại Dương

Aal	Lươn
Algen	Tảo
Boot	Thuyền
Dolfijn	Cá Heo
Garnaal	Tôm
Getijden	Thủy Triều
Haal	Cá Mập
Koraal	San Hô
Krab	Cua
Kwal	Sứa
Octopus	Bạch Tuộc
Oester	Hàu
Rif	Trả Lại
Schildpad	Rùa
Spons	Bọt Biển
Storm	Bão Táp
Tonijn	Cá Ngừ
Vis	Cá
Walvis	Cá Voi
Zout	Muối

Piraten
Cướp Biển

Anker	Neo
Bemanning	Phi Hành Đoàn
Eiland	Đảo
Getijden	Thủy Triều
Gevaar	Nguy Hiểm
Goud	Vàng
Grot	Hang
Kaart	Bản Đồ
Kapitein	Thuyền Trưởng
Kompas	La Bàn
Legende	Truyền Thuyết
Litteken	Sẹo
Oceaan	Đại Dương
Papegaai	Con Vẹt
Rum	Rum
Schat	Kho Báu
Slecht	Xấu
Strand	Bãi Biển
Vlag	Cờ
Zwaard	Thanh Kiếm

Regenwoud
Rừng mưa Nhiệt Đới

Behoud	Sự bảo Tồn
Botanisch	Thực Vật
Diversiteit	Đa Dạng
Gemeenschap	Cộng Đồng
Inheems	Bản Địa
Insecten	Côn Trùng
Jungle	Rừng
Klimaat	Khí Hậu
Mos	Rêu
Natuur	Thiên Nhiên
Overleving	Sự Sống Còn
Respect	Sự tôn Trọng
Restauratie	Phục Hồi
Soort	Loài
Toevlucht	Refuge
Vogels	Chim
Waardevol	Quý
Wolken	Đám Mây

Restaurant #1
Nhà Hàng # 1

Allergie	Dị Ứng
Bord	Đĩa
Brood	Bánh Mì
Ingrediënten	Thành Phần
Keuken	Nhà Bếp
Kip	Gà
Koffie	Cà Phê
Kom	Bát
Menu	Thực Đơn
Mes	Dao
Pittig	Cay
Reservering	Đặt Phòng
Saus	Nước Xốt
Serveerster	Nữ Phục Vụ
Servet	Khăn Ăn
Vlees	Thịt
Voedsel	Thức Ăn

Restaurant #2
Nhà Hàng số 2

Cake	Bánh
Diner	Bữa Tối
Drank	Đồ Uống
Eieren	Trứng
Fruit	Trái Cây
Groente	Rau
Heerlijk	Ngon
Ijs	Băng
Lepel	Cái Thìa
Lunch	Bữa Trưa
Noedels	Mì
Ober	Phục vụ Nam
Salade	Salad
Soep	Súp
Specerijen	Gia Vị
Stoel	Ghế
Vis	Cá
Vork	Cái Nĩa
Water	Nước
Zout	Muối

Rijden
Điều Khiển

Auto	Xe Hơi
Brandstof	Nhiên Liệu
Garage	Ga-Ra
Gas	Khí
Gevaar	Nguy Hiểm
Kaart	Bản Đồ
Licentie	Giấy Phép
Motor	Động Cơ
Motorfiets	Xe Máy
Ongeluk	Tai Nạn
Politie	Cảnh Sát
Remmen	Phanh
Snelheid	Tốc Độ
Straat	Đường Phố
Tunnel	Đường Hầm
Veiligheid	An Toàn
Verkeer	Giao Thông
Voetganger	Đi Bộ
Vrachtauto	Xe Tải
Weg	Đường

Schaken
Cờ Vua

Diagonaal	Đường Chéo
Kampioen	Quán Quân
Koning	Vua
Koningin	Nữ Hoàng
Offer	Hy Sinh
Passief	Thụ Động
Punten	Điểm
Reglement	Quy Tắc
Slim	Thông Minh
Spel	Trò Chơi
Speler	Người Chơi
Strategie	Chiến Lược
Tegenstander	Đối Thủ
Tijd	Thời Gian
Toernooi	Giải Đấu
Wedstrijd	Cuộc Thi
Wit	Trắng
Zwart	Đen

School #1
Trường học số 1

Alfabet	Bảng chữ Cái
Antwoorden	Câu trả Lời
Bibliotheek	Thư Viện
Boeken	Sách
Bureau	Bàn
Cijfers	Số
Examens	Thi
Klaslokaal	Lớp Học
Leraar	Giáo Viên
Lunch	Bữa Trưa
Mappen	Thư Mục
Papier	Giấy
Pennen	Bút
Plezier	Vui Vẻ
Potlood	Bút Chì
Quiz	Đố
Stoel	Ghế
Vrienden	Bạn Bè
Wiskunde	Môn Toán

School #2
Trường học số 2

Academisch	Học
Bibliotheek	Thư Viện
Boeken	Sách
Bus	Xe Buýt
Computer	Máy Tính
Grammatica	Ngữ Pháp
Kalender	Lịch
Leraar	Giáo Viên
Literatuur	Văn Học
Onderwijs	Giáo Dục
Papier	Giấy
Pennen	Bút
Potlood	Bút Chì
Rugzak	Ba Lô
Schaar	Kéo
Schoenen	Giày
Weekend	Cuối Tuần
Wetenschap	Khoa Học
Wiskunde	Môn Toán
Woordenboek	Từ Điển

Specerijen
Gia Vị

Anijs	Cây Hồi
Bitter	Đắng
Fenegriek	Cỏ cà Ri
Gember	Gừng
Kaneel	Quế
Kardemom	Thảo Quả
Kerrie	Cà Ri
Knoflook	Tỏi
Komijn	Cây thì Là
Koriander	Rau Mùi
Kruidnagel	Đinh Hương
Nootmuskaat	Nhục đậu Khấu
Paprika	Ớt cựa Gà
Saffraan	Nghệ Tây
Smaak	Hương Vị
Ui	Hành
Vanille	Vani
Venkel	Thì Là
Zoet	Ngọt
Zout	Muối

Speelgoed
Đồ Chơi

Ambachten	Đồ thủ Công
Auto	Xe Hơi
Bal	Bóng
Boeken	Sách
Boot	Thuyền
Drums	Trống
Favoriet	Yêu Thích
Fiets	Xe Đạp
Games	Trò Chơi
Klei	Đất Sét
Pop	Búp Bê
Puzzel	Câu Đố
Robot	Robot
Schaak	Cờ Vua
Trein	Xe Lửa
Verf	Sơn
Vlieger	Diều
Vliegtuig	Máy Bay
Vrachtauto	Xe Tải

Sport
Các môn thể Thao

Atleet	Lực Sĩ
Basketbal	Bóng Rổ
Beweging	Phong Trào
Fiets	Xe Đạp
Golf	Golf
Gymnasium	Gymnasium
Gymnastiek	Thể Dục
Hockey	Khúc côn Cầu
Honkbal	Bóng Chày
Kampioenschap	Chức vô Địch
Scheidsrechter	Trọng Tài
Spel	Trò Chơi
Speler	Người Chơi
Stadion	Sân vận Động
Team	Đội
Tennis	Quần Vợt

Stad
Thị Trấn

Apotheek	Tiệm Thuốc
Bank	Ngân Hàng
Bibliotheek	Thư Viện
Bloemist	Người bán Hoa
Boekhandel	Hiệu Sách
Dierentuin	Sở Thú
Galerij	Bộ sưu Tập
Hotel	Khách Sạn
Luchthaven	Sân Bay
Markt	Thị Trường
Museum	Bảo Tàng
Salon	Salon
School	Trường Học
Stadion	Sân vận Động
Supermarkt	Siêu Thị
Theater	Rạp Hát
Universiteit	Đại Học
Winkel	Cửa Hàng

Strand
Trên bãi Biển,

Blauw	Màu Xanh
Boot	Thuyền
Dok	Dock
Eiland	Đảo
Handdoek	Khăn
Krab	Cua
Kust	Bờ Biển
Lagune	Đầm
Oceaan	Đại Dương
Paraplu	Ô
Rif	Trả Lại
Sandalen	Dép
Schelpen	Vỏ
Vakantie	Kỳ Nghỉ
Zand	Cát
Zee	Biển
Zeilboot	Thuyền Buồm
Zon	Mặt Trời

Surfen
Lướt Sóng

Atleet	Lực Sĩ
Beginner	Người bắt Đầu
Extreem	Cực
Golf	Sóng
Kampioen	Quán Quân
Kracht	Sức Mạnh
Maag	Bụng
Menigte	Đám Đông
Oceaan	Đại Dương
Peddelen	Chèo
Plezier	Vui Vẻ
Populair	Phổ Biến
Rif	Trả Lại
Schuim	Bọt
Snelheid	Tốc Độ
Spray	Phun
Stijl	Phong Cách
Strand	Bãi Biển
Weer	Thời Tiết

Technologie
Công Nghệ

Bericht	Thông Điệp
Bestand	Tập Tin
Blog	Blog
Browser	Trình Duyệt
Bytes	Nội
Camera	Máy Ảnh
Computer	Máy Tính
Cursor	Con Trỏ
Digitaal	Kỹ Thuật Số
Gegevens	Dữ Liệu
Internet	Internet
Lettertype	Chữ
Onderzoek	Nghiên Cứu
Scherm	Màn
Software	Phần Mềm
Statistiek	Thống Kê
Veiligheid	An Ninh
Virtueel	Ảo
Virus	Vi Rút

Tijd
Thời Gian

Dag	Ngày
Decennium	Thập Kỷ
Eeuw	Thế Kỷ
Gisteren	Hôm Qua
Jaar	Năm
Jaarlijks	Hàng Năm
Kalender	Lịch
Klok	Đồng Hồ
Maand	Tháng
Middag	Buổi Trưa
Minuut	Phút
Na	Sau
Nacht	Đêm
Nu	Bây Giờ
Ochtend	Buổi Sáng
Toekomst	Tương Lai
Uur	Giờ
Vandaag	Hôm Nay
Vroeg	Sớm
Week	Tuần

Tuin
Khu Vườn

Bank	Băng Ghế
Bloem	Hoa
Bodem	Đất
Boom	Cây
Boomgaard	Thẻ
Garage	Ga-Ra
Gras	Cỏ
Hangmat	Võng
Hark	Cào
Hek	Hàng Rào
Onkruid	Weeds
Rotsen	Đá
Schop	Xẻng
Slang	Vòi
Struik	Bụi Cây
Terras	Sân Thượng
Trampoline	Tấm Bạt
Tuin	Vườn
Veranda	Hiên
Vijver	Ao

Vakantie #2
Kỳ Nghỉ số 2

Bergen	Núi
Bestemming	Điểm Đến
Buitenlands	Ngoại Quốc
Eiland	Đảo
Foto'S	Ảnh
Hotel	Khách Sạn
Kaart	Bản Đồ
Kamperen	Cắm Trại
Luchthaven	Sân Bay
Paspoort	Hộ Chiếu
Reis	Hành Trình
Strand	Bãi Biển
Taxi	Xe tắc Xi
Tent	Lều
Trein	Xe Lửa
Vakantie	Ngày Lễ
Vervoer	Vận Chuyển
Visum	Thị Thực
Vrije Tijd	Giải Trí
Zee	Biển

Verjaardag
Ngày Sinh Nhật

Cake	Bánh
Dag	Ngày
Gelukkig	Vui Vẻ
Geschenk	Quà Tặng
Groot	Tuyệt
Jaar	Năm
Jong	Trẻ
Kaarsen	Nến
Kaarten	Thẻ
Kalender	Lịch
Lied	Bài Hát
Plezier	Vui Vẻ
Speciaal	Đặc Biệt
Tijd	Thời Gian
Uitnodigingen	Lời Mời
Viering	Lễ ăn Mừng
Vrienden	Bạn Bè
Wijsheid	Sự Khôn Ngoan
Zingen	Hát

Vissen
Đánh bắt Cá

Aas	Mồi
Apparatuur	Thiết Bị
Boot	Thuyền
Draad	Dây
Geduld	Kiên Nhẫn
Gewicht	Cân Nặng
Haak	Móc
Kaak	Hàm
Kieuwen	Mang
Kok	Nấu
Mand	Cái Rổ
Meer	Hồ
Oceaan	Đại Dương
Overdrijving	Phóng Đại
Rivier	Sông
Seizoen	Mùa
Strand	Bãi Biển
Vinnen	Vây
Water	Nước

Vliegtuigen
Máy Bay

Afdaling	Hạ Xuống
Ballon	Bóng
Bemanning	Phi Hành Đoàn
Bouw	Xây Dựng
Brandstof	Nhiên Liệu
Geschiedenis	Lịch Sử
Hemel	Bầu Trời
Hoogte	Chiều Cao
Lanceren	Phóng
Landen	Đổ Bộ
Lucht	Không Khí
Motor	Động Cơ
Ontwerp	Thiết Kế
Passagier	Hành Khách
Piloot	Phi Công
Propellers	Cánh Quạt
Richting	Hướng
Turbulentie	Nhiễu Loạn
Waterstof	Hydro
Weer	Thời Tiết

Voeding
Dinh Dưỡng

Bitter	Đắng
Calorieën	Calo
Dieet	Ăn Kiêng
Eetbaar	Ăn Được
Eetlust	Ngon
Eiwitten	Protein
Evenwichtig	Cân Bằng
Fermentatie	Lên Men
Gewicht	Cân Nặng
Gezond	Khỏe Mạnh
Gezondheid	Sức Khỏe
Koolhydraten	Carbohydrate
Kwaliteit	Chất Lượng
Saus	Nước Xốt
Smaak	Hương Vị
Specerijen	Gia Vị
Spijsvertering	Tiêu Hóa
Toxine	Độc Tố
Vitamine	Vitamin
Vloeistoffen	Chất Lỏng

Voertuigen
Xe Cộ

Ambulance	Xe cứu Thương
Auto	Xe Hơi
Banden	Lốp
Bestelwagen	Van
Boot	Thuyền
Bus	Xe Buýt
Caravan	Caravan
Fiets	Xe Đạp
Metro	Xe Điện Ngầm
Motor	Động Cơ
Onderzeeër	Tàu Ngầm
Raket	Tên Lửa
Scooter	Xe tay Ga
Taxi	Xe tắc Xi
Tractor	Máy Kéo
Trein	Xe Lửa
Veerboot	Phà
Vliegtuig	Máy Bay
Vlot	Bè
Vrachtauto	Xe Tải

Vogels
Chim

Duif	Chim bồ Câu
Eend	Vịt
Ei	Trứng
Flamingo	Flamingo
Gans	Ngỗng
Kip	Gà
Koekoek	Chim Cu
Kraai	Con Quạ
Meeuw	Mòng Biển
Mus	Chim Sẻ
Ooievaar	Cò
Papegaai	Con Vẹt
Pauw	Công
Pelikaan	Bồ Nông
Pinguïn	Chim Cánh Cụt
Reiger	Diệc
Struisvogel	Đà Điểu
Toekan	Toucan
Uil	Cú
Zwaan	Thiên Nga

Vormen
Hình Dạng

Bol	Cầu
Boog	Cung
Cilinder	Hình Trụ
Cirkel	Vòng Tròn
Curve	Đường Cong
Driehoek	Tam Giác
Hoek	Góc
Hyperbool	Hyperbola
Kant	Bên
Kegel	Nón
Lijn	Hàng
Ovaal	Ellipse
Piramide	Kim tự Tháp
Prisma	Lăng
Randen	Cạnh
Rechthoek	Hình chữ Nhật
Ronde	Vòng
Veelhoek	Đa Giác
Vierkant	Quảng Trường

Vriendelijkheid
Lòng tử Tế

Aandachtig	Chú Ý
Begrip	Hiểu
Behulpzaam	Hữu Ích
Betrouwbaar	Đáng tin Cậy
Eerbiedig	Tôn Trọng
Eerlijk	Trung Thực
Gastvrij	Hiếu Khách
Gelukkig	Vui Vẻ
Gul	Rộng Lượng
Liefhebbend	Yêu Thương
Ontvankelijk	Nhận
Oprecht	Hãng
Patiënt	Kiên Nhẫn
Verdraagzaam	Khoan Dung
Vriendelijk	Thân Thiện

Wandelen
Đi bộ Đường Dài

Berg	Núi
Dieren	Động Vật
Gevaren	Mối Nguy Hiểm
Kaart	Bản Đồ
Kamperen	Cắm Trại
Klif	Vách Đá
Klimaat	Khí Hậu
Laarzen	Giày Ống
Moe	Mệt
Muggen	Muỗi
Natuur	Thiên Nhiên
Oriëntatie	Sự Định Hướng
Parken	Công Viên
Stenen	Đá
Voorbereiding	Chuẩn Bị
Water	Nước
Weer	Thời Tiết
Wild	Hoang Dã
Zon	Mặt Trời
Zwaar	Nặng

Water
Nước

Douche	Vòi hoa Sen
Drinkbaar	Uống
Geiser	Geyser
Golven	Sóng
Ijs	Nước Đá
Irrigatie	Thủy Lợi
Kanaal	Kênh
Meer	Hồ
Moesson	Gió Mùa
Oceaan	Đại Dương
Orkaan	Cơn Bão
Overstroming	Lũ Lụt
Regen	Mưa
Rivier	Sông
Sneeuw	Tuyết
Stoom	Hơi Nước
Verdamping	Bay Hơi
Vocht	Độ Ẩm
Vorst	Sương Giá

Weersomstandigheden
Thời Tiết

Atmosfeer	Không Khí
Bliksem	Sét
Donder	Sấm Sét
Droogte	Hạn Hán
Hemel	Bầu Trời
Ijs	Nước Đá
Klimaat	Khí Hậu
Mist	Sương Mù
Moesson	Gió Mùa
Orkaan	Cơn Bão
Overstroming	Lũ Lụt
Polair	Cực
Regenboog	Cầu Vồng
Storm	Bão Táp
Temperatuur	Nhiệt Độ
Tornado	Lốc Xoáy
Tropisch	Nhiệt Đới
Vochtig	Ẩm Ướt
Wind	Gió
Wolk	Đám Mây

Wetenschap
Khoa Học

Atoom	Nguyên Tử
Chemisch	Hóa Chất
Deeltjes	Hạt
Evolutie	Tiến Hóa
Experiment	Thí Nghiệm
Feit	Thực Tế
Fossiel	Hóa Thạch
Gegevens	Dữ Liệu
Hypothese	Giả Thuyết
Klimaat	Khí Hậu
Methode	Phương Pháp
Mineralen	Khoáng Sản
Moleculen	Phân Tử
Natuur	Thiên Nhiên
Natuurkunde	Vật Lý
Observatie	Quan Sát
Planten	Cây
Wetenschapper	Nhà Khoa Học
Zwaartekracht	Trọng Lực

Wetenschappelijke Discip
Các Ngành Khoa Học

Anatomie	Giải Phẫu Học
Archeologie	Khảo cổ Học
Astronomie	Thiên văn Học
Biochemie	Hóa Sinh
Biologie	Sinh Học
Chemie	Hóa Học
Ecologie	Sinh Thái
Fysiologie	Sinh lý Học
Geologie	Địa Chất Học
Immunologie	Miễn Dịch
Mechanica	Cơ Khí
Meteorologie	Khí Tượng Học
Mineralogie	Khoáng
Neurologie	Thần Kinh
Plantkunde	Thực vật Học
Psychologie	Tâm Lý
Robotica	Robotics
Sociologie	Xã hội Học
Voeding	Dinh Dưỡng
Zoölogie	Động vật Học

Wiskunde
Toán Học

Bol	Cầu
Decimaal	Thập Phân
Diameter	Đường Kính
Driehoek	Tam Giác
Exponent	Mũ
Fractie	Phân Số
Geometrie	Hình Học
Hoeken	Góc
Loodrecht	Vuông Góc
Omtrek	Chu Vi
Parallel	Song Song
Rechthoek	Hình chữ Nhật
Rekenkundig	Số Học
Som	Tổng
Straal	Bán Kính
Symmetrie	Đối Xứng
Veelhoek	Đa Giác
Vergelijking	Phương Trình
Vierkant	Quảng Trường
Volume	Âm Lượng

Zomer
Mùa Hè

Boeken	Sách
Duiken	Lặn
Familie	Gia Đình
Games	Trò Chơi
Huis	Nhà
Kamperen	Cắm Trại
Muziek	Âm Nhạc
Ontspanning	Thư Giãn
Reis	Du Lịch
Sandalen	Dép
Sterren	Sao
Strand	Bãi Biển
Tuin	Vườn
Vakantie	Kỳ Nghỉ
Voedsel	Thức Ăn
Vreugde	Niềm Vui
Vrienden	Bạn Bè
Vrije Tijd	Giải Trí
Zee	Biển

Zoogdieren
Động vật có Vú

Aap	Khỉ
Bever	Hải Ly
Coyote	Coyote
Dolfijn	Cá Heo
Ezel	Donkey
Geit	Dê
Giraf	Hươu cao Cổ
Gorilla	Khỉ Đột
Hond	Chó
Kameel	Lạc Đà
Kangoeroe	Kangaroo
Kat	Con Mèo
Konijn	Thỏ
Leeuw	Sư Tử
Olifant	Con Voi
Paard	Ngựa
Stier	Bò Đực
Vos	Cáo
Walvis	Cá Voi
Wolf	Chó Sói

Gefeliciteerd

Je hebt het gehaald!

We hopen dat u net zoveel plezier beleeft aan dit boek als wij aan het maken ervan. We doen ons best om spellen van hoge kwaliteit te maken.
Deze puzzels zijn op een slimme manier ontworpen zodat je actief kunt leren terwijl je plezier hebt!

Vond je ze mooi?

Een Eenvoudig Verzoek

Onze boeken bestaan dankzij de recensies die zij publiceren. Kunt u ons helpen door nu een mening achter te laten ?

Hier is een korte link die u naar uw bestellingen beoordelingspagina.

BestBooksActivity.com/Recensie50

FINAAL UITDAGING!

Uitdaging nr. 1

Klaar voor uw bonusspel? We gebruiken ze de hele tijd, maar ze zijn niet zo gemakkelijk te vinden. Hier zijn **Synoniemen!**

Noteer 5 woorden die je ontdekt hebt in elk van de onderstaande puzzels (nr. 21, nr. 36, nr. 76) en probeer voor elk woord 2 synoniemen te vinden.

Notitie 5 Woorden uit *Puzzle 21*

Woorden	Synoniem 1	Synoniem 2

Notitie 5 Woorden uit *Puzzle 36*

Woorden	Synoniem 1	Synoniem 2

Notitie 5 Woorden uit *Puzzle 76*

Woorden	Synoniem 1	Synoniem 2

Uitdaging nr. 2

Nu je opgewarmd bent, noteer 5 woorden die je ontdekt hebt in elke hieronder genoteerde puzzel (nr. 9, nr. 17, nr. 25) en probeer voor elk woord 2 antoniemen te vinden. Hoeveel regels kan je doen in 20 minuten?

Notitie 5 Woorden uit *Puzzle 9*

Woorden	Antoniem 1	Antoniem 2

Notitie 5 Woorden uit *Puzzle 17*

Woorden	Antoniem 1	Antoniem 2

Notitie 5 Woorden uit *Puzzle 25*

Woorden	Antoniem 1	Antoniem 2

Uitdaging nr. 3

Prachtig, deze finaal uitdaging is makkelijk voor jou!

Klaar voor de laatste? Kies je 10 favoriete woorden die je in een van de puzzels hebt ontdekt en noteer ze hieronder.

1.	6.
2.	7.
3.	8.
4.	9.
5.	10.

De uitdaging is nu om met deze woorden en binnen een maximum van zes zinnen een tekst te schrijven over een persoon, dier of plaats waar je van houdt!

Tip: U kunt de laatste blanco pagina van dit boek als kladblaadje gebruiken!

Je schrijven:

NOTITIEBOEKJE:

TOT SNEL!

Linguas Classics

GENIET VAN

GRATIS

SPELLEN

GO

BESTACTIVITYBOOKS.COM/FREEGAMES